FENÔMENO BULLYING

Dados Internacionais de Catalogação na Publicação (CIP)
(Câmara Brasileira do Livro, SP, Brasil)

Fante, Cleo
Fenômeno bullying : como prevenir a violência nas escolas e educar para a paz / Cleo Fante. -- 2. ed rev. e ampl. -- Campinas, SP : Verus Editora, 2005.

Bibliografia.
ISBN-10: 85-87795-69-4
ISBN-13: 978-85-87795-69-4

1. Adolescentes 2. Psicologia do adolescente 3. Psicologia educacional 4. Violência I. Título.

04-8683 CDD-370.15

Índices para catálogo sistemático:

1. Adolescentes : Violência : Educação e psicologia 370.15
2. Violência : Adolescentes : Educação e psicologia 370.15

CLEO FANTE

FENÔMENO BULLYING

Como prevenir a violência nas escolas
e educar para a paz

VERUS editora

Revisão
Aurea G. T. Vasconcelos
Maria Clarice Sampaio Villac

Capa & Projeto Gráfico
André S. Tavares Silva

Ilustração da capa
Baseado no quadro "Bullying",
do artista plástico primitivista Waldrix

Edição revista e ampliada pela autora.

VERUS EDITORA
Av. Brasil, 1999, Jd. Chapadão
13070-178 - Campinas/SP - Brasil
Fone/Fax: (19) 4009-6868
verus@veruseditora.com.br
www.veruseditora.com.br

Dedico este trabalho ao meu filho, Sérgio Eduardo,
maior presente que recebi de Deus.
Luz que ilumina meus caminhos.
Fonte de inspiração, coragem e perseverança;
guerreiro.

Dedico também a você, amigo leitor,
por ser uma pessoa única e tão especial.

Apenas para facilitar e simplificar a leitura, a autora optou pelo uso dos adjetivos e pronomes no gênero masculino. Não se deve deduzir, a partir desse fato, que esteja privilegiando um gênero em detrimento de outro.

SUMÁRIO

PREFÁCIO

Amigo leitor,

Considero o tema *bullying*, como apresentado neste livro, um dos mais importantes para a educação e para a erradicação da violência entre escolares em nosso país, principalmente por sua especificidade, implicações e conseqüências nefastas, visto que acarreta enorme prejuízo à formação psicológica, emocional e socioeducacional do indivíduo que é vitimizado por esse fenômeno.

O *bullying*, que sutilmente vem se disseminando entre os escolares, cresce e envolve, de forma quase epidêmica, um número cada vez maior de alunos. Sua ação maléfica traumatiza o psiquismo de suas vítimas, provocando um conjunto de sinais e sintomas muito específicos, caracterizando uma nova síndrome, denominada pela autora de Síndrome de Maus-Tratos Repetitivos (SMAR).

O fenômeno *bullying* estimula a delinqüência e induz a outras formas de violência explícita, produzindo, em larga escala, cidadãos estressados, deprimidos, com baixa auto-estima, capacidade de auto-aceitação e resistência à frustração, reduzida capacidade de auto-afirmação e de auto-expressão, além de propiciar o desenvolvimento de sintomatologias de estresse, de doenças psicossomáticas, de transtornos mentais e de psicopatologias graves.

Tem, como agravante, interferência drástica no processo de aprendizagem e de socialização, que estende suas conseqüências para o resto da vida, podendo chegar a um desfecho trágico.

Lendo este livro, você descobrirá o que está por trás de muitos atos de violência cometidos e sofridos por "meninos" e "meninas" nas escolas; obterá algumas respostas para muitos dos questionamentos mais inquietantes que acometem a alma de pais, educadores, pesquisadores, autoridades educacionais e jovens que sonham com um futuro de paz e justiça – virtudes semeadas e exercitadas na escola; assistirá ao descortinar de um cenário claro e bem descrito dos bastidores da violência na escola, palco no qual se desenrolam os primeiros atos socioeducacionais dos nossos filhos, tendo, eles mesmos, o direito de atuar como atores principais; conhecerá uma das principais causas desencadeadoras da violência entre escolares e que está no âmago da formação de gangues; compreenderá por que o fenômeno *bullying* é hoje o principal inimigo a ser combatido nas escolas e por que *cooperação* é a palavra-chave; disporá de elementos norteadores para futuras pesquisas e trabalhos acadêmicos em estudos do fenômeno realizados por diversas áreas afins; e contará com subsídios técnicos para a elaboração de estratégias de intervenção e de prevenção.

Violência velada, o *bullying* – conforme é exposto neste fascinante livro –, manifestação que é inocentemente considerada como "brincadeiras da idade", tem um poder destrutivo capaz de promover danos psicológicos incalculáveis e irreparáveis às suas vítimas, atingindo milhares de alunos-clientes e usuários de nossas redes de ensino, devendo ser considerado tema de grande relevância na atualidade e de máxima preocupação por parte das autoridades competentes. Preocupação principalmente por aquelas crianças que são vitimizadas ou estão envolvidas no comportamento *bullying* – e não são poucas, para não dizer milhares em todo o país –, que, além de sofrerem graves prejuízos no seu processo socioeducacional, têm o seu desenvolvimento psicológico e emocional comprometidos.

Essas crianças feitas vítimas dentro da escola sentem-se, por um longo período de tempo, solitárias, isoladas, incompreendidas, indefesas, desconectadas, quase que inalcançáveis pelos procedimentos educacionais precursores da paz, como o amor, a aceitação, o afeto, o respeito, a tolerância, a amizade, a lealdade, o reconhecimento do direito de ser diferente, o senso de proteção coletiva, a cidadania, conceitos sobre o bem-comum, relações hierárquicas estimulantes da motivação e da auto-superação – prerrogativas a que têm direito os alunos-cidadãos, usuários de nossas escolas e que, em última instância, são nossos filhos.

Não pense, amigo leitor, que esse tipo de comportamento agressivo se dá isoladamente em escolas de periferia, porque na verdade ele está presente em todas as escolas, sejam públicas municipais, estaduais ou federais, sejam particulares, ricas ou pobres. Já existia há muito tempo, mas só agora é apresentado neste livro de forma conceitual, exemplificada, esclarecida e com indicativos de que se pode mudar esta trágica realidade.

As crianças vitimizadas pelo comportamento *bullying* sofrem terrivelmente ao longo dos anos, muitas vezes sob a vista de seus professores no ambiente escolar, nas salas de aulas. Sofrem silenciosamente, de maneira cruel e velada, maus-tratos, humilhação pública, rejeição social, gozações, perseguições, angústias, medos, desrespeito constante e repetitivo, quase sempre por serem diferentes em seu biotipo.

Estudos e pesquisas comprovam que o *bullying* está presente nas escolas de todo o mundo, assim como nas escolas brasileiras, porém somente agora vem se tornando notório a partir das pesquisas pioneiras empreendidas pela professora Cleo Fante e em função das recentes tragédias ocorridas em escolas brasileiras como Taiúva (SP) e Remanso (BA), noticiadas pelos meios de comunicação.

Esse fenômeno comportamental vitimiza a criança envolvida em tenra idade escolar, tornando-a refém de uma ansiedade flutuante e circulante que interfere em todos os seus processos de aprendizagem pela excessiva mobilização psíquica de medo, constrangimento, angústia e raiva reprimida.

Essas mobilizações poderão aprisionar sua mente a construções inconscientes de cadeias de pensamentos, que resultarão em dinâmicas psíquicas destrutivas de si mesma e da sociedade como, por exemplo, a instalação do desejo de matar, por vingança, o maior número possível de pessoas, seguido de suicídio. O trágico é que as vítimas desse fenômeno são feridas na área mais preciosa, íntima e inviolável do ser – a sua alma –, sem levarmos em conta as conseqüências, que não serão poucas, para os agressores e para os espectadores.

O resultado, nesse caso, é que a experiência vivenciada, registrada com forte carga emocional, afetará profundamente a memória, prejudicando a mente na construção da sua história intrapsíquica, no desenvolvimento da sua inteligência, na sua capacidade de auto-expressão e na sua atitude de primar por cidadania e qualidade de vida, em decorrência dos traumas sofridos. Isso se não houver intervenção diagnóstica, preventiva e psicoterápica, além de cooperação e esforços interdisciplinares conjugados. A diminuição da ocorrência desse fenômeno e de suas conseqüências nefastas envolve todos os membros ligados ao processo educativo: direção, coordenações, educadores, administração, zeladoria, merendeiras, familiares dos envolvidos e toda a sociedade.

Dessa forma, buscar soluções para a violência entre escolares desconsiderando a relevância desse fenômeno seria o mesmo que tratar superficialmente o assunto, sem levar em conta talvez uma das suas mais importantes vertentes.

Neste livro interessantíssimo, de leitura fácil e elucidativa, a pesquisadora e educadora, professora Cleo Fante, expõe o tema de forma didática, contextualizada, fluente, esclarecedora e empolgante. A autora não trata o fenômeno *bullying* apenas nos seus aspectos teóricos e conceituais, mas apresenta-o como fruto de suas próprias pesquisas, engendradas com recursos próprios, além de relatar suas experiências educacionais ao longo dos anos, sua dedicação, seus trabalhos preventivos redutores da violência escolar (idealizados, implantados e realizados com sucesso) e sua enorme paixão pelo resgate dos alunos envolvidos no fenômeno – sentimento do qual hoje compartilho e que me levou a pesquisar o fenômeno, oferecendo atendimento psicoterápico aos envolvidos, alertando e esclarecendo, em palestras educativas, sobre sua existência e sobre a necessidade de sua erradicação.

Tive a grata oportunidade de conhecer a professora Cleo e de acompanhar o seu trabalho na criação e no desenvolvimento do Programa Educar para a Paz, implantado voluntariamente numa escola municipal de São José do Rio Preto (SP). Pude ver as estratégias e as ações mobilizadoras pela paz postas em prática por meio de um programa bem-orientado e participativo, envolvendo toda a escola, direção, corpo docente e discente, além de pais e colaboradores, na conscientização e na luta pela erradicação do fenômeno *bullying*. Acompanhei alguns casos, constatando a relevância dos resultados obtidos pelo Programa Educar para a Paz, consumado na criação de um lindo jardim, denominado Jardim dos Sentidos, sinalizado com uma placa que traz a seguinte frase: "Os sentidos são humanos, a paz é presença de Deus". Esse jardim é cuidado por toda a escola, que dele se orgulha como um marco histórico e pioneiro no Brasil, no combate pela erradicação do *bullying*, pela construção da cidadania e pelo compromisso com a paz. A escola onde o programa foi implantado passou a desfrutar de paz, de maior entrosamento socioeducacional dentro de seus muros e da simpatia e colaboração da comunidade.

Espero, amigo leitor, sinceramente, que você se apaixone por este fascinante tema e por esta empolgante causa que consiste em mudar o destino dramático das crianças envolvidas diretamente nesse fenômeno, que figuram como vítimas, agressoras e espectadoras, que precisam de cura para as suas feridas emocionais e de ajuda para que cada uma se reencontre com sua essência de ser humano autoconfiante, rumo à auto-superação na vida, transformando a escola num palco de prazer, alegria, aprendizado e satisfação, tendo cada aluno no papel de ator principal.

Assim como fiz, que você também possa redirecionar seu interesse para o tema e canalizar seus esforços para a construção de uma contracultura promotora da paz em nossas escolas, em nossas famílias e em nossa sociedade, engajando-se na luta pela erradicação do fenômeno *bullying*. Que nossas escolas passem a se caracterizar pelo ensino humanizante, competente, amoroso e afetuoso que nossas crianças e nossos educadores merecem!

Honrado com este privilégio,

JOSÉ AUGUSTO PEDRA
(*Psicólogo clínico e pesquisador do fenômeno* bullying)

APRESENTAÇÃO

Este trabalho é fruto de vários anos de investigações e experiências no magistério e que poderá vir ao encontro da inquietação que, desde há muito tempo, vem tomando conta dos diversos segmentos sociais, especialmente daqueles envolvidos no processo educacional, diante dos inúmeros fatos violentos que se fazem presentes nas escolas de todo o mundo.

A violência entre escolares, desencadeada de forma repetida contra uma mesma vítima ao longo do tempo e dentro de um desequilíbrio de poder, conhecida como *bullying*, é um dos temas que dificilmente podem passar despercebidos a um profissional de educação, por tratar-se de um fenômeno social de grande relevância e por possuir características peculiares que podem ser identificadas. Dentre elas, talvez a mais grave seja a sua propriedade de causar danos psicológicos irreparáveis ao psiquismo (se não identificados e tratados), à personalidade, ao caráter e à auto-estima de suas vítimas, manifestando suas seqüelas ao longo de toda a vida.

Nosso interesse pelo tema foi despertado, por um lado, pela constatação de que o fenômeno *bullying* vem sendo praticado há muito tempo. De fato, pudemos presenciá-lo inúmeras vezes, primeiro como estudante e, posteriormente, como profissional de educação, embora não lhe atribuíssemos a devida atenção por falta de informações e por pensar que se tratava de "brincadeiras próprias da idade". Por outro lado, nosso interesse se intensificou diante da maneira como o fenômeno vem se disseminando por âmbitos cada vez mais íntimos, velados e cruéis e, sobretudo, pelos danos psicológicos causados aos envolvidos, muitas vezes resultando em reações extremadas, como as tragédias ocorridas em Columbine (EUA, 1999), Taiúva (SP, 2003), Remanso (BA, 2004) e, recentemente, em Patagones (Argentina, 2004).

Nossos estudos sobre a fenomenologia *bullying* tiveram, como ponto de partida, questionamentos básicos que acometem qualquer educador quase que diariamente, quando se encontra sem saber o que fazer diante de determinadas situações que envolvem escolares: o que conduz um aluno ou um grupo de alunos a intimidar, humilhar, apelidar de forma pejorativa ou perseguir um colega mais frágil e indefeso? Intolerância? Crueldade? Um certo prazer em provocar sofrimento ao outro? Ou uma maneira de denunciar que algo não lhe anda bem? E, ainda, por que algumas crianças não conseguem se defender e tornam-se bodes expiatórios para muitos da escola?

Na busca de respostas que pudessem satisfazer nossos questionamentos, deparamo-nos com uma triste realidade: são inúmeras as formas de violência velada que enfrentam muitos de nossos alunos, dentre elas humilhações, gozações, ameaças, imputação de apelidos constrangedores, chantagens, intimidações. Na maioria das vezes as vítimas sofrem caladas por vergonha de se exporem ou por medo de represálias dos seus agressores, tornando-se reféns de emoções traumáticas destrutivas, como medo, insegurança, raiva, pensamentos de vingança e de suicídio, além de fobias sociais e outras reações que impedem seu bom desenvolvimento escolar.

Dessa forma, no primeiro capítulo, dedicamo-nos exclusivamente à fenomenologia *bullying*, que não é um assunto novo nem exclusivo dos países escandinavos, mas que se alastra pelas escolas de todo o mundo, inclusive pelas escolas brasileiras. Nossa intenção é despertar o leitor para a realidade e gravidade desse fenômeno, com o intuito de que outros estudos venham somar-se a este e, assim, possamos suprir a carência de informações neste campo. Dessa forma, o profissional de educação poderá conhecer melhor o tema e atuar de maneira efetiva contra esse mal que se difunde nas escolas, de maneira velada e sorrateira, causando traumas e bloqueios emocionais que interferem prejudicialmente no desenvolvimento socioeducacional dos alunos. Além disso, a conscientização da existência desse fenômeno pede medidas urgentes que possibilitem o tratamento de suas manifestações, responsáveis pelo agravamento de comportamentos agressivos e anti-sociais entre os alunos. Tais comportamentos vêm contribuindo para a elevação dos índices de violência escolar detectados nos últimos anos, bem como do crescente número de alunos envolvidos com drogas e porte de armas apreendidas nas escolas, provavelmente na busca de encorajamento para enfrentar seus agressores, uma vez que a escola se tornou palco de ameaças para muitos alunos.

No segundo capítulo, abordamos um dos questionamentos que quase todos os educadores se fazem, especialmente no momento atual em que os meios de comunicação divulgam uma seqüência de tragédias escolares: o que fazer para combater a escalada desenfreada da violência? Estamos convencidos de que não são poucos aqueles que, assim como nós, buscam encontrar meios para reduzir a violência do nosso convívio. Acreditamos que, se a violência está no espírito dos homens, é aí que se deve semear a paz. Semear a paz no coração dos homens não seria, então, parte integrante da tarefa educativa? Nesse sentido, o caminho para combater a violência não seria introduzir a "educação para a paz" nas escolas?

Assim, com base em nossas experiências e pesquisas e nas de outros autores especialistas no assunto, desenvolvemos um programa *antibullying*, denominado Programa Educar para a Paz, composto de estratégias que visam intervir no fenômeno *bullying* e preveni-lo. Acreditamos que não bastam medidas inibidoras da ação violenta, e sim educar para que a ação violenta dê lugar à ação construtiva. Nossa idéia parte do princípio de que as escolas devem facultar aos alunos o conhecimento e a reflexão sobre a existência do fenômeno *bullying* e suas conseqüências na sua própria realidade escolar, isto é, que eles aprendam quais são as atitudes que favorecem o desenvolvimento do comportamento *bullying* e como evitá-lo, transformando a escola num ambiente pacífico que estimule o bom relacionamento socioeducacional.

Cremos que somente esse conhecimento é que despertará no aluno sua consciência crítica e poder de transformação. Não existe transformação sem conhecimento. A ampliação dos níveis de compreensão do aluno sobre as suas atitudes em relação aos demais contribuirá para que possa modificá-las. Ademais, o aluno desenvolverá um sentido de compromisso e responsabilidade, além de despertar para valores capazes de promover atitudes individuais e coletivas, cujos resultados contribuirão futuramente para a construção de uma sociedade mais justa, mais solidária e, conseqüentemente, menos violenta.

No terceiro capítulo, o leitor encontrará subsídios teóricos para reflexões sobre as causas que podem determinar o comportamento *bullying*. Bem sabemos que esse tipo de comportamento é resultado de múltiplas causas; entretanto, em nossos estudos (2000-2004), pudemos constatar que os modelos educativos a que as crianças estão submetidas, principalmente na primeira infância – modelos baseados na rejeição e em castigos físicos –, e a ausência de valores humanistas norteadores de suas condutas contribuem decisivamente para a irrupção do comportamento *bullying* na escola.

Estamos, agora, numa nova edição. Os textos da primeira edição sofreram revisões e ampliações, e resultados de recentes pesquisas foram anexados. Devido à necessidade de aprofundar os estudos sobre essa problemática em nosso país, o tema *bullying* se transformou em curso de pós-graduação, por nós elaborado e coordenado. Nosso objetivo é estimular a formação de novos pesquisadores e de grupos de estudos para o desenvolvimento de ações multidisciplinares inovadoras, que permitam detectar e erradicar o fenômeno não apenas nas escolas, mas nos demais contextos onde se prolifera.

Desejamos que este livro estimule a reflexão e que possa incentivar o leitor a se tornar um aliado na prevenção e na erradicação desse nocivo fenômeno social, que vem causando danos irreparáveis a um número expressivo e cada vez maior de alunos em nossas escolas.

CLEO FANTE

INTRODUÇÃO

Um dos maiores desafios da humanidade, postergado ao século XXI, é o de extirpar as principais causas que ameaçam a construção da paz, dentre as quais se destaca a violência. Infelizmente, estamos vivendo uma época da história em que a violência se torna cada vez mais presente em todos os segmentos sociais. A violência escolar nas últimas décadas adquiriu crescente dimensão em todas as sociedades, o que a torna questão preocupante devido à grande incidência de sua manifestação em todos os níveis de escolaridade.

Comumente, quando tratamos do tema "violência escolar", imaginamos uma gama de situações em que alunos discutem, brigam, se amontoam, se ferem e logo algum adulto interfere para separar os briguentos. Ou, ainda, imaginamos situações em que gangues formadas por "alunos ou ex-alunos-problema", munidos de armas ou drogas, invadem a escola, depredam o patrimônio ou deixam seus rastros marcados com sangue.

Diante desse quadro, inúmeras medidas de segurança estão sendo colocadas em prática em todo o mundo, visando prevenir a violência escolar e intervir em determinadas situações. Dessa forma, muros e grades altas, detectores de metais e câmeras de vídeo para monitoramento dos alunos são instalados e seguranças particulares dentro e fora da escola são disponibilizados. *Blitze*, compostas por cães farejadores e aparelhos de raios X, são estratégias utilizadas para vistoriar as mochilas dos alunos, transformando todos em suspeitos. Esta forma de violência é a que, normalmente, estamos empenhados em combater: a violência explícita.

Porém, aliada à violência explícita, uma outra forma de violência deve despertar a atenção dos profissionais de educação: aquela que se apresenta de forma velada, por meio de um conjunto de comportamentos cruéis, intimidadores e repetitivos, prolongadamente contra uma mesma vítima, e cujo poder destrutivo é perigoso à comunidade escolar e à sociedade como um todo, pelos danos causados ao psiquismo dos envolvidos. Referimo-nos à fenomenologia *bullying*, aquela que gera e alimenta a violência explícita e que vem se disseminando nos últimos anos, tendo como resultado os nefastos massacres em escolas localizadas nas mais diversas partes do mundo e, ultimamente, no Brasil.

O que antes ocorria de forma esporádica, após a década de 1990 transformou-se numa seqüência de trágicos assassinatos e suicídios no interior das escolas. Em 1997, na cidade de West Paducah, Kentucky, um adolescente de 14 anos matou a tiros três companheiros de escola, após a oração matinal, deixando mais cinco feridos. Em 1998, em Jonesboro, Arkansas, dois estudantes, de 11 e 13 anos, atiraram contra a sua escola, matando quatro meninas e uma professora. Também em 1998, em Springfield, Oregon, um adolescente de 17 anos matou a tiros dois colegas e feriu mais vinte. Em 1999, dois adolescentes, de 17 e 18 anos, provocaram a tragédia de Columbine, em Littleton, Colorado. Com explosivos e armas de fogo, assassinaram 12 companheiros, um professor e deixaram dezenas de feridos. Em seguida, suicidaram-se. Ainda em 1999, uma semana após o massacre de Columbine, em Taber, Canadá, um adolescente de 14 anos disparou ao seu redor, matando um colega de escola. Outros massacres ainda foram noticiados na década de 1990, na Escócia, no Japão e em vários países africanos. Em novembro de 1999, na Alemanha, um estudante de 15 anos matou a facadas uma professora. Em março de 2000, um aluno de 16 anos matou a tiros o diretor da escola e depois tentou o suicídio. Em fevereiro de 2001, um jovem de 22 anos matou a tiros o chefe de sua empresa; depois se dirigiu à sua ex-escola, matou o diretor e suicidou-se com explosivos. Na Alemanha, em abril de 2002, na cidade de Erfurt, um jovem de 19 anos chacinou 16 pessoas: duas garotas, 13 professores, uma secretária e um policial que atendeu ao chamado de emergência; em seguida, suicidou-se.

Em janeiro de 2003, na pacata cidade de Taiúva, interior do Estado de São Paulo, um adolescente de 18 anos entrou em sua ex-escola, ferindo oito pessoas, dentre elas, seis alunos, um funcionário e a vice-diretora; em seguida, suicidou-se.

Um ano após a tragédia de Taiúva, em fevereiro de 2004, na cidade de Remanso, interior baiano, um adolescente de 17 anos matou a tiros um colega de escola de 13 anos, a secretária do curso de informática e feriu mais três pessoas. Não deu tempo para cometer suicídio, pois conseguiram desarmá-lo, porém essa era a sua intenção.

Em setembro de 2004, na pequena cidade de Carmen de Patagones, Argentina, após a execução do Hino Nacional, um adolescente de 15 anos, com uma pistola 9mm, matou quatro colegas de escola – três meninas e um menino –, ferindo gravemente outros cinco. Em estado de choque entregou-se à polícia.

Tendo em vista os trágicos acontecimentos ocorridos em diversas partes do mundo, o fenômeno dos massacres em escolas não pode ser encarado como fato isolado. Ao que tudo indica, o autor ou os autores das tragédias planejaram minuciosamente seus intentos. Nesse sentido, o Centro Nacional de Avaliação de Ameaças do Serviço Secreto dos Estados Unidos concluiu que 17 adolescentes sabiam, antecipadamente, que o massacre em Columbine estava sendo preparado. Os autores do massacre haviam relatado suas intenções a esses colegas, indicando, inclusive, os lugares onde deveriam permanecer para terem um melhor ângulo de visão dos acontecimentos.

No dia seguinte ao massacre de Jonesboro, dois garotos de 11 anos disputavam o título de melhor amigo de um dos autores da tragédia e se orgulhavam de contar detalhes sobre o plano do colega para dominar a escola. Coincidentemente, na tragédia de Taiúva, um amigo do adolescente responsável pela tragédia sabia o que ia ocorrer na escola, pois a trama já vinha sendo planejada havia algum tempo. No caso de Remanso, acredita-se que um colega sabia o que aconteceria, segundo carta escrita pelo adolescente.

Ante a perplexidade causada por tais tragédias, uma única pergunta ecoa por todos os cantos do mundo: quais são as causas desencadeantes desses massacres? Geralmente, buscam-se respostas na violência explícita: brigas entre alunos, desentendimentos com professores, acertos de contas entre grupos rivais... e, assim, inúmeras hipóteses tentam justificar tais comportamentos. Essas hipóteses também pressupõem fatores institucionais, familiares, sociais, até as inúmeras variáveis de natureza psicológica relacionadas às diferenças individuais.

Entretanto, o que se deve considerar é que em nenhum desses casos houve motivação reativa imediata que fosse evidente. Não houve brigas, discussões ou desentendimentos que fizessem com que os autores, num ímpeto de fúria ou de loucura, entrassem na escola e agissem da forma extremada como fizeram. Ao contrário, houve frieza no planejamento e na execução das ações catastróficas, como na busca de um desfecho suicida. Também não foi levantada a hipótese de os autores apresentarem ou não algum tipo de transtorno mental. O que se sabe é que eram considerados diferentes da maioria dos alunos e tinham, em comum, a timidez, pouca habilidade de auto-afirmação e uma grande dificuldade em relacionar-se com os demais, por sentirem-se rejeitados. Um outro dado de extrema relevância é que haviam sofrido algum tipo de exclusão ou situações constrangedoras na escola por um período prolongado de tempo.

Acreditamos que as situações constrangedoras e as formas de exclusão socioeducacionais a que foram submetidos esses alunos produziram registros traumáticos em seus arquivos de memória, superdimensionados e privilegiados devido à forte carga emocional vivenciada. Tais situações constrangedoras, repetidas diariamente, acabaram por criar zonas doentias, que funcionam como "vírus psíquico" da mente, ou "janelas *killers*", verdadeiro ancoradouro que aprisiona as emoções humanas, impede suas vítimas de adquirirem habilidades de autodefesa e de socialização, além de prejudicar o seu desenvolvimento socioeducacional na medida em que promove seu isolamento.

Ao fazer o resgate dessas experiências, estimulado por uma sucessão de eventos vexatórios semelhantes, o trauma é retroalimentado, formam-se cadeias de pensamentos angustiantes, geradores de emoções conflitantes, de medo e agressividade reprimida, originando conflitos intrapsíquicos. Tais conflitos, represados ao longo do tempo, fazem com que o organismo somatize diante dos agressores ou na hipótese da presença deles, provocando reações bioquímicas descompensadas, sintomas psicossomáticos, mau funcionamento da mente, além das reações características de estresse.

O medo constante e repetitivo bloqueia a agressividade e o bom funcionamento mental, prejudicando as funções de raciocínio, abstração, interesse por si mesmo e pelo aprendizado, além de estender-se a outras faculdades mentais ligadas à autopercepção, concentração, auto-estima e capacidade de interiorização.

Dentre as reações do estresse, mencionamos aquelas que julgamos mais prejudiciais aos estudantes, ou seja, as sensações corporais desagradáveis: taquicardia, sudorese, diurese, dor de cabeça, mal-estar generalizado, sensação de sufocação, cólicas, náuseas, vômitos, diarréias, além de outros sintomas. Somam-se a essas reações todas os sentimentos e as emoções descontrolados, que, associados, podem promover construções de pensamentos destrutivos, idéias de vingança e de suicídio – que se expressam como resposta violenta contra a própria instituição escolar, palco dos seus sucessivos sofrimentos.

Em meio às discussões surge um intrigante questionamento: por que os alunos que sabiam da intenção dos colegas não denunciaram o plano? Por medo de represálias dos autores, quando soubessem que seus planos haviam sido denunciados? Ou será que esses alunos também estavam vivenciando experiências semelhantes e, calando-se, poderiam de alguma forma participar do plano de vingança elaborado?

Diante dessas possibilidades cabem nossos questionamentos: quantos outros alunos não há que, desejosos de obterem reparação do direito e da dignidade perdidos, adotam esse tipo de comportamento e até acolhem idéias de massacres suicidas, não tendo porém chegado ao limiar da repressão dos instintos assim como os protagonistas das tragédias infelizmente chegaram? Quantos ainda exteriorizam suas revoltas em outros contextos fora da escola, como na família, no trabalho, ou até mesmo num cinema? Ou, ainda, quantos extravasam suas angústias e suas dores no álcool, nas drogas e na delinqüência?

Não queremos, com isso, generalizar dizendo que todos aqueles que um dia foram vitimados pelo *bullying* irão protagonizar tragédias ou massacres, mas queremos alertar para a gravidade desse fenômeno que tem grande poder desencadeador de transtorno psíquico e que pode se transformar em tragédia social.

Por outro lado, o que dizer daqueles que agem com expressão cruel e perversa contra o outro, sentindo um certo prazer em intimidar, maltratar, caçoar, apelidar e rir das diferenças alheias ("defeitos")? Poderiam eles manifestar tais comportamentos em outros contextos?

Neste trabalho, procuraremos elucidar as questões relacionadas ao fenômeno *bullying*, seus conceitos, causas, conseqüências, dados estatísticos, além de critérios diagnósticos. Ainda apresentamos como sugestão o Programa Educar para a Paz, cujas estratégias mostraram-se eficazes como iniciativas de redução do *bullying* escolar, resultando na conscientização e na melhoria das relações interpessoais entre os escolares, bem como das relações ensino-aprendizagem.

Não abordaremos aqui, por não ser este o objeto do presente trabalho, soluções para os casos em que as conseqüências do fenômeno *bullying* atingiram raízes profundas em forma de transtornos psíquicos. Esse tipo de tratamento é prerrogativa de psicólogos e de profissionais especializados, a quem sempre recorremos no encaminhamento dos alunos durante a execução do Programa Educar para a Paz.

CAPÍTULO I

FENÔMENO *BULLYING*

Definição do termo

Bullying: palavra de origem inglesa, adotada em muitos países para definir o desejo consciente e deliberado de maltratar uma outra pessoa e colocá-la sob tensão; termo que conceitua os comportamentos agressivos e anti-sociais, utilizado pela literatura psicológica anglo-saxônica nos estudos sobre o problema da violência escolar.

Em alguns países, existem outros termos para conceituar esses tipos de comportamentos. *Mobbing* é um deles, empregado na Noruega e na Dinamarca; *mobbning*, na Suécia e na Finlândia. Esses termos são utilizados com significados e conotações diferentes. Sua raiz inglesa, *mob*, refere-se a um grupo grande e anônimo de pessoas que geralmente se dedica ao assédio. Quando, porém, uma pessoa atormenta, hostiliza ou molesta uma outra, o termo utilizado para caracterizar esse comportamento é *mobbing*. Mesmo não sendo um termo adequado do ponto de vista lingüístico, *mobbing* é empregado para definir uma situação na qual um indivíduo, sozinho ou em grupo, ridiculariza um outro. Na França, denominam *harcèlement quotidién*; na Itália, de *prepotenza* ou *bullismo*; no Japão, é conhecido como *yjime*; na Alemanha, como *agressionen unter shülern*; na Espanha, como *acoso y amenaza entre escolares*; em Portugal, como *maus-tratos entre pares*.

Estudos sobre a fenomenologia *bullying* assumiram, nos últimos tempos, proporções internacionais. Entretanto, uma das dificuldades encontradas pela maioria dos pesquisadores é quanto a encontrar termos, em seus idiomas, que correspondam ao sentido da palavra *bullying*.

Um estudo realizado em 14 países diferentes teve como objetivo identificar palavras nativas que se assemelhassem ao conceito de *bullying*. Desse estudo, baseado em dados coletados em um grupo de alunos com 14 anos, identificaram-se 67 palavras relacionadas aos comportamentos *bullying*, sem que nenhuma delas abrangesse o significado do termo inglês.

No Brasil, adotamos o termo que, de maneira geral, é empregado na maioria dos países: *bullying*. *Bully*, enquanto nome, é traduzido como "valentão", "tirano", e como verbo, "brutalizar", "tiranizar", "amedrontar". Dessa forma, a definição de *bullying* é compreendida como um subconjunto de comportamentos agressivos, sendo caracterizado por sua natureza repetitiva e por desequilíbrio de poder. Esses critérios nem sempre são aceitos universalmente, mesmo sendo largamente empregados. Alguns pesquisadores consideram ser necessários no mínimo três ataques contra a mesma vítima durante o ano para sua classificação como *bullying*. O desequilíbrio de poder caracteriza-se pelo fato de que a vítima não consegue se defender com facilidade, devido a inúmeros fatores: por ser de menor estatura ou força física; por estar em minoria; por apresentar pouca habilidade de defesa; pela falta de assertividade e pouca flexibilidade psicológica perante o autor ou autores dos ataques.

Assim sendo, por definição universal, *bullying* é um conjunto de atitudes agressivas, intencionais e repetitivas que ocorrem sem motivação evidente, adotado por um ou mais alunos contra outro(s), causando dor, angústia e sofrimento. Insultos, intimidações, apelidos cruéis, gozações que magoam profundamente, acusações injustas, atuação de grupos que hostilizam, ridicularizam e infernizam a vida de outros alunos levando-os à exclusão, além de danos físicos, morais e materiais, são algumas das manifestações do comportamento *bullying*.

Para a catedrática em psicologia da Universidade das Ilhas Baleares, Espanha, Carme Orte Socias, o *bullying* é considerado um mal-estar que se apresenta na perspectiva oculta, no desconhecimento e na indiferença, tendo sua força na ausência de valorização pessoal, fruto do desenvolvimento social, emocional e intelectual inadequado daqueles que sofrem e padecem como vítimas desse fenômeno novo e velho ao mesmo tempo.

Podemos considerar o *bullying* como um fenômeno novo, porque vem sendo objeto de investigação e de estudos nas últimas décadas, despertando a atenção da sociedade para suas conseqüências nefastas, uma vez que se evidencia pela "desigualdade entre iguais", resultando num processo em que os "valentões" projetam sua agressividade com requintes de perversidade e de forma oculta dentro de um mesmo contexto escolar. Por outro lado, considera-se o *bullying* como um fenômeno bastante antigo, por se tratar de uma forma de violência que sempre existiu nas escolas – onde os "valentões" continuam oprimindo e ameaçando suas vítimas, por motivos banais – e que até hoje ocorre despercebida da maioria dos profissionais de educação.

Definimos o *bullying* como um comportamento cruel intrínseco nas relações interpessoais, em que os mais fortes convertem os mais frágeis em objetos de diversão e prazer, através de "brincadeiras" que disfarçam o propósito de maltratar e intimidar. Diversos estudiosos vêm dando suas definições e contribuições, ao longo do tempo, com respeito a esse tipo de comportamento. Porém, todas as definições convergem para a incapacidade da vítima em se defender. Apontamos também, aliado a essa tendência, o fato de que a vítima não consegue motivar outras pessoas a agirem em sua defesa. Portanto, o *bullying* é um conceito específico e muito bem definido, uma vez que não se deixa confundir com outras formas de violência. Isso se justifica pelo fato de apresentar características próprias, dentre elas, talvez a mais grave, a propriedade de causar traumas ao psiquismo de suas vítimas. Por fim, o *bullying* possui, ainda, a propriedade de ser reconhecido em vários contextos: nas escolas, nas famílias, nos condomínios residenciais, nos clubes, nos locais de trabalho, nos asilos de idosos, nas Forças Armadas, nas prisões, enfim, onde existem relações interpessoais.

Exemplificações do fenômeno *bullying*

As más relações entre escolares não são fatos esporádicos do cotidiano escolar, uma vez que se apresentam no repertório comportamental de muitos alunos, transformando-se numa questão social extremamente preocupante. Porém, a atenção da sociedade só se volta para o problema quando os meios de comunicação, de forma sensacionalista, divulgam as tragédias ocorridas nas escolas, gerando insegurança para a comunidade escolar, sem que suas verdadeiras causas sejam enfocadas.

Normalmente, as autoridades se reúnem com especialistas para debaterem o tema, quase sempre resultando em soluções paliativas, com ênfase preventiva focada no desenvolvimento de estratégias que objetivam coibir a entrada de armas e de drogas nas escolas, como se as causas do problema estivessem somente naquilo que os alunos trazem nas mochilas, sem, contudo, levar em conta o que trazem no coração. Assim sendo, propõem a instalação de detectores de metais, de câmeras de vídeos, além de modernos aparatos de segurança, ao invés de apresentarem estratégias socioeducativas que melhorem as relações interpessoais.

A título de exemplificação, apresentaremos alguns casos de *bullying*, pesquisados por alunos do curso de pós-graduação em "Fenômeno *bullying*: abordagem psicanalítica na prevenção da violência escolar" e de outros cursos ministrados por mim. Em seguida apresentaremos depoimentos de algumas vítimas identificadas em nossas pesquisas, o que confirma a existência do fenômeno *bullying* em nossas escolas. Relataremos ainda alguns casos descritos por pesquisadores estrangeiros, por meio dos quais o leitor poderá constatar o sofrimento das vítimas envolvidas por essas "brincadeiras", além das dramáticas conseqüências advindas desse tipo de comportamento.

Casos descritos por alunos de cursos de pós-graduação

Os casos apresentados a seguir são recentes e tiveram os nomes dos envolvidos modificados, visando preservar sua identidade.

Caso 1 - João Paulo, um garoto da 5ª série, 11 anos, vinha sofrendo perseguições de alguns colegas porque não gostava de jogar futebol. Por ser tímido e sensível, chorava com facilidade e não conseguia responder aos ataques de alguns companheiros de escola, passando a ser rejeitado pelos meninos da turma. Ninguém queria sua participação nos trabalhos em grupos ou nos jogos em equipe. Não tendo outra saída, aproximou-se de algumas meninas e, como resultado, ganhou o apelido de Bicha. Por isso, estava sendo perseguido e humilhado no horário do recreio, como passatempo de vários alunos agressores. João Paulo faltava às aulas com certa freqüência, alegando que estava doente, que tinha muita dor de cabeça e que não dormia direito. Seu aspecto era triste e deprimido. Parecia que estava sempre com medo de que algo ruim lhe acontecesse. Uma colega de classe disse para a professora que o menino estava pensando em mudar-se de escola, mas temia que lá também fosse alvo de gozações. Ele não sabia o que fazer nem como lidar com a questão. O fato é que estava sofrendo muito e queria unicamente que o deixassem em paz.

Caso 2 - Fernando, aluno da 3ª série, nove anos, sentia-se sozinho e abandonado. Sem amigos, não buscava ajuda de seus professores porque se sentia rejeitado por todos em decorrência de sua obesidade. Chegava a duvidar de que seus poucos amigos gostassem dele, ou de que tivessem algum interesse na sua amizade. Sentindo-se incapaz e ameaçado, buscou ajuda da direção escolar, pedindo que falassem com os seus agressores sobre os apelidos que recebia, pois não agüentava mais ser chamado de Gordo.

Caso 3 - Gislaine, aluna da 2ª série, de oito anos, estava faltando freqüentemente à escola. Quando comparecia, chorava muito e não participava das aulas, alegando dores de cabeça e medo. Certo dia, alguns alunos procuraram a professora da turma dizendo que a garota estava sofrendo ameaças. Teria que dar suas roupas, sapatos e dinheiro para outra aluna, caso contrário apanharia e seria cortada com estilete. Esse caso foi encaminhado à direção escolar, e a mãe da agressora convidada a comparecer na escola, onde relatou que a filha costumava chegar em casa levando roupas que não eram suas, mas afirmando tê-las ganho de uma coleguinha.

Caso 4 - Humberto, 16 anos, sentiu na pele o que é o terror na escola. Foi apelidado de Bob Esponja e Bombril por causa dos seus cabelos crespos e do seu jeito calado e tímido. Aos poucos foi se sentindo rejeitado e isolou-se da turma. Disse que, quanto mais os colegas caçoavam dele, mais se isolava e sofria. Expressou sua angústia dizendo que gostaria de desaparecer e nunca mais ouvir falar em escola.

Caso 5 - A aluna Márcia, 14 anos, disse que a sua vida na escola nunca fora boa porque sempre fora humilhada, desde a 1ª série. "Todos têm problemas, sou uma delas. Zoam de mim porque não falo direito. Eles não sabem o mal que me fazem." Márcia pensou várias vezes em abandonar a escola. No início do ano letivo apresentou problemas psicossomáticos graves, entrando em quadro depressivo. Após uma consulta, o médico atestou que deveria mudar de período, porque os problemas enfrentados em sala de aula estavam agravando sua saúde. Lamentavelmente ela não resistiu às humilhações e acabou por abandonar a escola.

Caso 6 - A aluna Janaína, entrevistada quando cursava a 3ª série, disse pensar que a escola fosse um lugar de respeito e união, mas viu que não era. Logo no primeiro dia de aula, os meninos a apelidaram de Vaca Malhada e Onça Pintada por causa de suas sardas, o que a deixou muito triste e chateada. O constrangimento durou o ano todo, como também na 2ª série, já que os alunos eram praticamente os mesmos. Ela contou que queria responder aos ataques com o pior dos palavrões, mas que engolia essa vontade e acabava suportando as humilhações, até que o ano terminou. Mas, claro, acabava um ano e começava um outro e tudo se repetia. E assim se repetiu também na 3ª série. Ela esperava que na 4ª série o assunto fosse encerrado, mas não foi isso que aconteceu.

Caso 7 - O aluno Carlos, da 5ª série, foi vítima de alguns colegas por muito tempo, porque não gostava de futebol. Era ridicularizado constantemente, sendo chamado de *gay* nas aulas de educação física. Isso o ofendia sobremaneira, levando-o a abrigar pensamentos suicidas, mas antes queria encontrar uma arma e matar muitos dentro da escola.

Caso 8 - Míriam era uma boa aluna, tirava excelentes notas em todas as matérias. Algumas meninas, enciumadas com o seu bom desempenho e com o "paparico" de muitos professores, resolveram se unir para interferir em suas amizades. Espalharam boatos de que ela era "sapatão". Logo suas amigas foram se afastando dela, deixando-a de lado. Sem saber o que estava acontecendo, aproximava-se delas buscando melhorar os relacionamentos. Convidava as colegas para irem ao *shopping* ou ao cinema, mas elas sempre arrumavam desculpas para não ir. Faziam festinhas e encontros, porém, não a convidavam. Aos poucos Míriam foi se isolando e, quando percebeu, já estava excluída de todo o grupo. No horário do recreio, preferia ficar na sala de aula ou se trancava no banheiro. Somente entendeu o que estava ocorrendo quando viu, no muro da escola, a inscrição: "Míriam = sapatão". A garota ficou desesperada e não encontrou outra alternativa a não ser mudar de escola, piorando o seu desempenho escolar. Hoje, adulta, Míriam tem dificuldades em relacionar-se e a todo o momento faz questão de demonstrar sensualidade, às vezes chegando à vulgaridade. Segundo ela, trata-se de uma estratégia para mostrar que realmente é uma mulher.

Caso 9 - Ana se lembra, ainda emocionada, da época em que foi vitimizada na escola. Os coleguinhas diariamente caçoavam da sua cor, já que era a única menina negra da classe. Chamavam-na de vários apelidos pejorativos e discriminatórios, excluindo-a das brincadeiras, o que a tornava cada dia mais infeliz. Com tristeza nos olhos, relembra que certo dia, pela manhã, tomou a decisão de entrar numa bacia com água e sabão e esfregar-se com muita força, desejando que a "sujeira" saísse de sua pele, conforme dela caçoavam os seus colegas.

Alguns depoimentos colhidos em nossas pesquisas

Depoimento 1 - "Meu dia na escola é dez, mas, quando vou brincar no recreio, sempre sou ameaçada por vários meninos e não posso brincar. E, se eu contar para algum dos funcionários, apanho dos meninos. Por isso, tenho muito medo. Mesmo quando não sou ameaçada por ninguém, eu sinto muito medo por todos os lados que passo. Chego até a passar mal quando sou ameaçada pelos meninos e meninas..." (Tatiane, 3ª série, 9 anos).

Depoimento 2 - "Algumas coisas me chateiam aqui na escola, por isso têm que mudar. Só quero ter mais amigos e, se não for possível, quero mudar de escola, embora as outras fiquem longe da minha casa e minha mãe não possa pagar transporte escolar. Algumas colegas estão me impedindo de ter amizades, acho isso desumano..." (aluna da 6ª série, 12 anos).

Depoimento 3 - "Não vou mentir, meus colegas me tratam muito mal, com muita violência verbal, porém, quanto mais me tratam mal, mais eu tenho rancor dos meus companheiros de escola. Sou caluniado porque tiro sempre notas boas e, se contar para os professores ou para a direção, eles falam que vão me pegar. Por isso, fico quieto..." (aluno da 6ª série, 12 anos).

Depoimento 4 - "Minha vida na escola é muito triste porque meus colegas me colocam apelidos de que não gosto. Me chamam de 'sarnenta', 'feia', 'piolhenta' e outras coisas. Gostaria que parassem com isso, não agüento mais tanta humilhação..." (aluna da 5ª série, 11 anos).

Depoimento 5 - "Minha vida escolar não é a melhor. Gosto muito dos professores, mas de umas semanas para cá andam me difamando por causa de um trabalho escolar. Estou sendo rejeitada por algumas pessoas da minha classe. Na aula de educação física, dizem que sou baixa e frágil, então não sirvo para nada..." (aluna da 6ª série, 12 anos).

Depoimento 6 - "Quando acordo, penso que será o dia mais feliz da minha vida, mas, quando lembro que tenho que ir pra escola, fico desanimado. Morro de medo de alguns meninos da minha classe, por isso tenho dor de cabeça e de estômago quase todos os dias..." (aluno da 4ª série, 10 anos).

Depoimento 7 - "No caminho da escola, venho feliz com os meus amigos, mas, chegando ao portão, já começam a me xingar. Finjo que nem ligo para não ter confusões. No recreio, esses meninos me pedem lanche e, quando não dou, dizem que vão me bater. Na saída, quase todos me ofendem, mesmo assim vou para casa alegre, mesmo depois de um dia difícil..." (aluno da 4ª série, 10 anos).

Depoimento 8 - "Quando chego na escola, fico com medo de apanhar de alguns colegas. Eles inventaram que estou devendo para eles e, quando pergunto, eles não falam nada. Se alguém tirá-los do meu caminho, me sentirei muito melhor..." (aluno da 4ª série, 10 anos).

Depoimento 9 - "Minha vida escolar é muito ruim porque os meninos me colocaram um apelido que me deixa magoada. Queria resolver isso, mas não consigo. Finjo que não ligo, mas não adianta nada, de qualquer jeito eles me xingam. Não sei o que fazer; falei para a professora, mas eles continuam assim mesmo..." (aluna da 4ª série, 10 anos).

Depoimento 10 - "Há algum tempo estava conversando com uma colega de classe e, sem qualquer motivo, ela disse para um menino me bater. Ele me deu um soco no pulmão. Depois disso, resolvi não conversar com mais ninguém e não ter amizades na escola; assim, ninguém me bate mais..." (aluna da 4ª série, 10 anos).

Depoimento 11 - "Tem pessoa que me ameaça, falando que vai me pegar na saída e me bater. Sempre ameaça, falando que vai chamar os colegas para ajudar. Durante o recreio, ameaçam que vão me pegar na saída, quando nem o diretor nem a inspetora estão.

Só sei que é ameaçador, muito difícil para quem é ameaçado. Fico muito tenso com aquelas coisas na cabeça. Seria bom se isso acabasse..." (aluno da 3ª série, 9 anos).

Depoimento 12 - "Minha vida é muito triste. Para dizer a verdade, sou uma menina vítima: apanho da minha irmã mais velha e da minha mãe. Às vezes, até minha avó e meus tios me batem. Na escola, tem alguns meninos que também me batem e colocam apelidos feios em mim. Não dá mais para agüentar esta situação..." (aluna da 3ª série, 9 anos).

Depoimento 13 - "Tem um menino da 3ª série que vive me ameaçando, pedindo dinheiro e lanche. Ele me bateu na saída. Ele me cobrava R$1,00. Um dia, eu entrei na escola, e ele me bateu na classe e também cobrou R$1,50. Se eu não desse o dinheiro, ele me batia na saída. Então eu corri e contei para o diretor que ele queria me bater na rua e na entrada. Ele me bateu e agora cobra R$2,50 e fica me ameaçando..." (aluno da 3ª série, 9 anos).

Depoimento 14 - "A escola é a segunda casa para mim, fico contente de vir à escola, tenho muitos amigos e inimigos. Sou muito fracote, às vezes me discriminam, falam que sou 'japonês', que sou 'tolo', mas tudo bem. Tenho uma professora boa e gosto dela..." (aluno da 4ª série, 11 anos).

Casos narrados por outros autores

Caso 1 - "Johnny, um menino tranqüilo de 13 anos, durante dois anos foi brinquedo de seus companheiros de classe. Os adolescentes importunavam-no para que ele lhes desse dinheiro, obrigavam-no a tragar ervas e a beber leite misturado com detergente, golpeavam-no no pátio e atavam-lhe uma corda ao pescoço, para passear como um cachorrinho... Quando perguntaram aos torturadores de Johnny sobre suas intimidações, disseram que perseguiam a sua vítima porque era divertido[1]."

Caso 2 - "Linda, de 12 anos, foi a suposta vítima de suas companheiras de classe porque era 'demasiado metida'. Parece que Linda havia feito amizade com outra menina da classe, e saíam juntas. A provável líder do grupo agressor tentou romper essa amizade e no final conseguiu, deixando Linda praticamente isolada. Mais adiante, outra menina do grupo de agressores convenceu Linda para que organizasse uma festa em sua casa. Ninguém compareceu. A confiança de Linda em si mesma ficou totalmente destruída[2]."

Caso 3 - "Sarah, de dez anos, foi objeto das gozações de duas meninas indisciplinadas porque não queria participar de seus atos perturbadores em classe. Colocavam apelidos, ameaçavam com o punho e induziam outras meninas a confirmar que estava excluída do resto da classe. 'Antes eu gostava da escola', disse Sarah, perplexa, 'porém, agora, a odeio'[3]."

Caso 4 - "O aluno Philip C. foi levado à morte por culpa das intimidações e dos maus-tratos de que era objeto no pátio da escola. Enforcou-se depois de sofrer contínuas ameaças, empurrões e humilhações por parte de três companheiros de classe. Dias antes do exame, roubaram desse menino tímido, de 16 anos, todas as suas anotações. Não podia mais resistir. Tinha medo de dizer para seus pais, por isso decidiu morrer. Ao regressar do colégio, enforcou-se com uma corda, na porta de sua casa[4]."

Caso 5 - "Luís, de 14 anos, sempre procurava se sentar e se manter perto de suas companheiras de classe. Magro, caráter introvertido, olhar baixo, não se socializava com os meninos de sua classe. Vivia com a mãe e a irmã, o pai havia falecido. Sentia-se próximo à família, e o consideravam um bebê. No final do primeiro trimestre, após formar os grupos de amigos e amigas, Luís aderiu a um grupo formado só por meninas, sendo ele o único menino. Suas maneiras eram cuidadosas e nunca emitia gritos nem gargalhadas. Um grupo de companheiros começou a se meter com ele, chamando-o de 'maricas'... Zombavam dele, empurravam-no e constantemente faziam gozações pesadas com o garoto. Nenhum menino queria sentar-se ao seu lado, e sempre mantinham um sorriso sarcástico quando se referiam a ele. Um dia, no ginásio de esportes, lugar onde não tinha a proteção de suas amigas, seus agressores roubaram suas roupas. Todos saíram do vestiário no tempo normal, mas Luís, porque tinha de procurar suas roupas, atrasou-se e levou bronca do professor. Depois desse incidente, as gozações incrementaram-se até que um dia uma professora detectou que algo estranho estava ocorrendo, dado o tom de gozação que utilizavam seus companheiros quando se referiam ao menino[5]."

Caso 6 - "Quero contar algo que me ocorreu há dois ou três anos no colégio, quando eu estudava no primeiro ano secundário. Sofri maus-tratos de alguns companheiros (em certas ocasiões eram dois e, às vezes, três). Não eram agressões físicas, eram mais agressões psicológicas. Levantaram rumores sobre mim, dizendo que eu era muito estranha, que não era nada, que estava isolada e era solitária. Tudo isso me afetou tanto que minhas notas ficaram péssimas... Decaí em todas as disciplinas! Sofri estresse, comia e dormia pouco e emagreci muito. No final, eram quarenta companheiros contra mim! Eu não entendia as causas. Os professores não faziam nada porque não havia agressão física, não sabiam de nada. Foram os piores anos de minha vida. Agora vou terminar o curso secundário; por um lado, tenho medo de confiar em meus companheiros e, por outro, esta é a última oportunidade que tenho de fazer amigos, já que na universidade as relações são muito mais frias[6]."

Casos divulgados nos meios de comunicação

Caso 1 (Taiúva, SP) - Edimar, um jovem humilde e tímido de 18 anos, foi vítima de seus companheiros de escola durante onze anos. Os companheiros importunavam-no por causa de sua obesidade, colocando apelidos que o constrangiam e incomodavam. Sabedor da principal causa que provocava sua hostilização e o rechaço de seus companheiros, propôs-se a emagrecer. Porém, todos os esforços para perder quase trinta quilos foram em vão. Se não bastasse ser chamado de "gordo", "mongolóide" e "elefante cor-de-rosa", ainda adquiriu o apelido de Vinagrão (por ingerir vinagre de maçã todos os dias, pela manhã, para ajudar no emagrecimento). Edimar não podia mais resistir. Feriu e feriu-se para sempre, encerrando de forma trágica uma vida repleta de humilhações e sofrimentos.

No dia 27 de janeiro de 2003, na pacata cidade de sete mil habitantes, Taiúva, interior do Estado de São Paulo, o jovem, que havia concluído o ensino médio, entrou na sua ex-escola durante o recreio dos alunos que estavam em recuperação, ferindo uma professora, seis alunos e o zelador.

Segundo informações que obtivemos de professores, funcionários e alunos, bem como da própria mãe e, posteriormente, de uma de suas vítimas que ficou paraplégica, Edimar era um garoto passivo, retraído, com poucos amigos e apresentava grandes dificuldades de se impor e de se expor perante o grupo. Durante vários anos, vinha sendo maltratado por seus colegas de escola, por meio de apelidos que o constrangiam e humilhavam, sem nunca ter reagido, revidado ou denunciado seus agressores. Na escola, nunca apresentou qualquer tipo de comportamento agressivo ou violento. Era um aluno considerado "normal".

Diante do comportamento e das características que envolvem todo o episódio, seguramente podemos afirmar que Edimar era vítima do fenômeno *bullying*. Podemos concluir, como pesquisadora do fenômeno, que o jovem possuía o perfil das vítimas "típicas" do *bullying* – timidez, ansiedade, insegurança, falta de habilidades para se impor, medo de denunciar seus agressores, além de baixa auto-estima –, o que o converteu em presa fácil dos ataques dos "valentões" da escola.

Aliado às características da vítima, o excesso de peso foi o fator determinante das gozações e dos apelidos cruéis e indesejáveis que vinha enfrentando. Todo o sofrimento a que era submetido gerou, internamente, uma série de sentimentos que, ao atingirem um grau insuportável, levaram-no a lançar mão de uma única via de descarga, ou seja, devolver a seus companheiros de escola toda a violência de que fora vítima (conseqüência extremada do *bullying*). Dessa forma, Edimar conseguiu, ao menos uma vez, impor sua autoridade, fazendo da violência seu último ato. Feriu e feriu-se para sempre, calando aqueles que, durante longos anos, fizeram com que ficasse calado, isolado, humilhado.

Caso 2 (Remanso, BA) - Denilton, um adolescente de 17 anos, tímido, introvertido, foi excluído do círculo de amigos na escola. Revoltado com os anos de humilhações a que fora submetido no ambiente escolar, resolveu dar um basta àquela seqüência de sofrimentos. Mobilizado por pensamentos de vingança, dirigiu-se à sua ex-escola, à procura de seus agressores. Não os encontrando, uma vez que as aulas estavam suspensas, foi até a escola onde estava matriculado e novamente se deparou com as portas fechadas. Necessitando a todo o custo exteriorizar os sentimentos que em sua alma estavam represados, encaminhou-se à casa do seu agressor principal, um garoto de 13 anos. Lá chegando, chamou-o pelo nome e o assassinou na porta de sua casa, com um tiro na cabeça.

Sem conseguir ordenar seus pensamentos, transtornado, dirigiu-se até a escola de informática onde havia estudado, na tentativa de encontrar aqueles que aos poucos, dia após dia, foram lhe roubando a alegria de viver e o direito de aprender e de ser feliz. Na tentativa de barrar quem ousasse entrar em seu caminho para impedi-lo de seu intento, atirou contra funcionários e alunos, atingindo fatalmente a cabeça da secretária, uma jovem de 23 anos, e ferindo mais três pessoas. Quando tentava recarregar a arma para fazer novas vítimas, foi imobilizado e detido.

Em seu depoimento, o adolescente deixou claro o grau de sofrimento e os traumas que foram criados em seu psiquismo por causa dos anos de humilhações na escola. Sua intenção era cometer uma chacina, tendo planejado matar mais de cem pessoas. Com essa tragédia, disse que ficaria famoso na cidade de Remanso por cem anos e seria lembrado como o "terrorista suicida brasileiro", uma vez que a idéia de suicídio o acompanhava desde os 15 anos.

Caso 3 (Patagones, ARG) - Rafael, um adolescente de 15 anos, tímido e com dificuldades de relacionamento, era considerado esquisito por muitos colegas da escola porque se vestia de maneira diferente e ouvia músicas às quais não estavam acostumados. Insultado e ridicularizado por ser diferente, era chamado de "tonto" (bobo) e diziam que ele era de outro mundo. Vivia só e se isolava dos demais. Após a execução do Hino Nacional argentino, o garoto dirigiu-se para a sala de aula dizendo: "Hoje vai ser um lindo dia". De repente, começou a atirar contra as paredes provocando gritos e correrias. Em seguida, disparou contra as pessoas, matando três meninas e um menino e ferindo mais cinco. Finalmente, ajoelhou-se e, em estado de choque, entregou-se à polícia.

Caso 4 (Recife, PE) - Luís Antônio, um garoto de 11 anos, sempre gostou de estudar e era considerado um ótimo aluno. Entretanto, transferindo-se de uma escola de Natal (RN) para Recife (PE), algo de muito ruim lhe aconteceu a ponto de não mais querer freqüentar as aulas. Os colegas da classe foram os últimos a vê-lo antes que cruzasse correndo os portões da escola e desde então não mais foi visto. Um colega da escola disse que o garoto desapareceu porque estava com medo dos que "não iam com a sua cara". Discriminavam-no porque tinha sotaque diferente. Batiam-lhe, empurravam-no, davam-lhe murros e chutes, fato confirmado por sua professora (que adoeceu por isso), bem como por alguns de seus agressores.

Esse caso, infelizmente, ainda se encontra sem respostas, para desespero de seus familiares e nosso, ao narrarmos o fato. Um corpo com características semelhantes ao dele, em estado de putrefação, foi conduzido ao IML de Recife, para exames periciais de arcada dentária e DNA. Os resultados da perícia ainda não tinham sido concluídos até a publicação deste livro.

Ante esse trágico episódio, ficamos a imaginar, angustiados, o grau de sofrimento a que foi submetido esse garoto num local que deveria ser seguro para todos os que ali estudam e trabalham. Segundo informações que obtivemos, naquela manhã, antes de iniciar o período escolar, a vítima teria apanhado de alguns garotos no portão da escola. Certamente, foi ameaçado pelos seus agressores e alertado para a "hora da saída". A angústia e o desespero foram aumentando com o passar dos minutos, e sua bioquímica foi alterada de tal forma que não conseguiu esperar pelo final das aulas. O medo e o pavor de apanhar novamente aprisionaram suas emoções, fazendo com que não conseguisse encontrar outra alternativa a não ser fugir daquela triste e dramática situação. Seu desespero era tão grande que, por volta das dez e meia, não suportando mais a espera pelo momento dos ataques, transtornado, fugiu de seus agressores e nunca mais foi encontrado.

Como esse drama ainda não chegou ao fim, nós nos perguntamos: o que teria acontecido com Luís Antônio após ter saído da escola? Teria sofrido algum bloqueio a ponto de perder a memória? Teria ele perambulado pelas ruas sem saber para onde ir? Teria sido acometido por algum distúrbio mental capaz de provocar a sua própria morte? Ou algo pior lhe aconteceu após sua fuga da escola, que justifique ter sido brutalmente assassinado? Se algo assim lhe ocorreu, estariam seus agressores da escola também envolvidos?

Provavelmente, essa e as outras tragédias citadas poderiam ter sido evitadas. Entretanto, já ocorreram e, quanto a elas, nada mais se pode fazer a não ser lamentá-las profundamente. Esperamos que tragédias como essas, ocorridas nas escolas e veiculadas nos mais diversos meios de comunicação, de forma sensacionalista ou não, despertem as autoridades, os educadores, os pais, os alunos e a sociedade em geral, a fim de que, conhecendo o fenômeno, suas causas e conseqüências, possam discutir e refletir sobre ele.

Acreditamos que esses casos, ocorridos em escolas brasileiras, não podem cair no esquecimento e continuar acontecendo, como tantos outros. É dever de todos, especialmente dos educadores, encontrar soluções que visem à prevenção do *bullying* e à intervenção nesse fenômeno, a fim de conter sua disseminação.

Histórico do fenômeno

O *bullying* é um fenômeno mundial tão antigo quanto a própria escola. Apesar de os educadores terem consciência da problemática existente entre agressor e vítima, poucos esforços foram despendidos para o seu estudo sistemático até princípios da década de 1970. Foi então nessa época que surgiu, primeiramente na Suécia, um grande interesse de toda a sociedade pelos problemas desencadeados entre agressor e vítima, figurantes desse fenômeno, que logo se estendeu por todos os outros países escandinavos.

Na Noruega, o fenômeno *bullying* foi, durante muitos anos, motivo de preocupação nos meios de comunicação e entre professores e pais, porém sem que as autoridades educacionais se comprometessem de forma oficial. Entretanto, no final de 1982, um jornal noticiava o suicídio de três crianças no norte da Noruega, com idades entre 10 e 14 anos, ato que, com toda a probabilidade, foi motivado principalmente pela situação de maus-tratos a que eram submetidas pelos seus companheiros de escola. Esse fato originou grande tensão e divulgação nos meios de comunicação, atingindo a população de maneira geral, fazendo com que o Ministério da Educação da Noruega, em 1983, fizesse uma campanha em escala nacional contra os problemas entre agressores e vítimas.

Dan Olweus, pesquisador da Universidade de Bergen, desenvolveu os primeiros critérios para detectar o problema de forma específica, permitindo diferenciá-lo de outras possíveis interpretações, como incidentes e gozações ou relações de brincadeiras entre iguais, próprias do processo de amadurecimento do indivíduo. Olweus pesquisou inicialmente cerca de 84 mil estudantes, trezentos a quatrocentos professores e em torno de mil pais, incluindo vários períodos de ensino. Um fator fundamental para a pesquisa foi avaliar a sua natureza e ocorrência.

Esse estudo constatou que, a cada sete alunos, um estava envolvido em casos de *bullying*. Essa situação originou uma campanha nacional, com o apoio do governo norueguês, que reduziu em cerca de 50% os casos de *bullying* nas escolas; tal fato incentivou outros países, como o Reino Unido, Canadá e Portugal, a promoverem campanhas de intervenção.

O programa de intervenção proposto por Olweus tinha como características: desenvolver regras claras contra o *bullying* nas escolas, alcançar um envolvimento ativo por parte dos professores e dos pais, aumentar a conscientização do problema para eliminar mitos sobre o *bullying* e prover apoio e proteção para as vítimas. Segundo Olweus[7], os dados de outros países indicam que as condutas *bullying* existem com relevância similar ou superior às da Noruega, como é o caso da Suécia, Finlândia, Inglaterra, Estados Unidos, Canadá, Países Baixos, Japão, Irlanda, Espanha e Austrália.

Pesquisadores de todo o mundo atentam para esse fenômeno, apontando aspectos preocupantes quanto ao seu crescimento e, principalmente, por atingir os primeiros anos de escolarização. Calcula-se que em torno de 5% a 35% de crianças em idade escolar estão envolvidas, de alguma forma, em condutas agressivas na escola, atuando como vítimas ou agressoras.

De acordo com pesquisas publicadas no jornal espanhol *El País*, um a cada quatro escolares britânicos, do ensino primário, disse ter sofrido maus-tratos por parte de outros companheiros em seu centro educativo. Ainda segundo o jornal, em 1997, os maus-tratos físicos e psíquicos foram citados como a principal causa do suicídio de 766 menores[8].

Nos Estados Unidos, o *bullying* é hoje tema de grande interesse. O fenômeno cresce entre os alunos das escolas americanas. Os índices de sua incidência são tão altos que os pesquisadores americanos o classificam como um conflito global e prevêem que, se persistir essa tendência, será grande o número de jovens que se tornarão adultos abusadores e delinqüentes[9].

Com base em dados estatísticos obtidos nos mais diversos países, pode-se seguramente afirmar que o fenômeno está presente em todas as escolas do mundo. No Brasil, o *bullying* ainda é pouco comentado e estudado, motivo pelo qual não existem indicadores que nos forneçam uma visão global para que possamos compará-lo aos demais países. O que se sabe é que em relação à Europa, no que se refere aos estudos e tratamento desse comportamento, estamos com pelo menos 15 anos de atraso.

Como reflexo dos trabalhos desenvolvidos nos países europeus, podemos citar as pesquisas desenvolvidas pela professora Marta

Canfield e seus colaboradores (1997) em quatro escolas de ensino público, em Santa Maria (RS), e as dos professores Israel Figueira e Carlos Neto (2000-2001) em duas escolas municipais do Rio de Janeiro. Também foi realizada pela Associação Brasileira Multiprofissional de Proteção à Infância e Adolescência (Abrapia, 2003) uma pesquisa em 11 escolas do município do Rio de Janeiro, contando com a participação de 5 875 alunos de 5ª a 8ª séries. Os resultados divulgados mostraram que 40,5% desses alunos admitiram estar envolvidos em *bullying*. A referida pesquisa revelou que o fenômeno *bullying* se faz presente em nossas escolas com índices superiores aos apresentados em países europeus, fato já constatado por nós através das pesquisas que vimos desenvolvendo (2000-2004) e que nos causaram perplexidade em face de sua proliferação. Nossas pesquisas serão apresentadas mais à frente sob o tema "Estudos do fenômeno e constatações".

Como se desenvolve o fenômeno *bullying* em sala de aula

As conclusões a que chegamos sobre o desenvolvimento do fenômeno *bullying* em uma sala de aula baseiam-se nas explicações do professor Dan Olweus[10].

É comum entre os alunos de uma classe a existência de diversos tipos de conflitos e tensões. Há ainda inúmeras outras interações agressivas, às vezes como diversão ou como forma de autoafirmação e para se comprovarem as relações de força que os alunos estabelecem entre si. Caso exista na classe um agressor em potencial ou vários deles, seu comportamento agressivo influenciará nas atividades dos alunos, promovendo interações ásperas, veementes e violentas. Devido ao temperamento irritadiço do agressor e à sua acentuada necessidade de ameaçar, dominar e subjugar os outros de forma impositiva pelo uso da força, as adversidades e as frustrações menores que surgem acabam por provocar reações intensas. Às vezes, essas reações assumem caráter agressivo em razão da tendência do agressor a empregar meios violentos nas situações de conflitos. Em virtude da sua força física, seus ataques violentos mostram-se desagradáveis e dolorosos para os demais. Geralmente o agressor prefere atacar os mais frágeis, pois tem certeza de poder dominá-los, porém não teme brigar com outros alunos da classe: sente-se forte e confiante.

Se há na classe um aluno que apresenta características psicológicas como ansiedade, insegurança, passividade, timidez, dificuldade de impor-se e de ser agressivo e com freqüência se mostra fisicamente indefeso, do tipo bode expiatório... ele logo será descoberto pelo agressor. Esse tipo de aluno representa o elo frágil da cadeia, uma vez que o agressor sabe que ele não vai revidar se atacado, que se atemorizará, vindo talvez a chorar, não se defenderá e ninguém o protegerá dos ataques que receber.

O bode expiatório constitui-se, para um aluno agressor, num alvo ideal. Sua ansiedade, ausência de defesa e seu choro produzem um forte sentimento de superioridade e de supremacia no agressor, que pode então satisfazer alguns impulsos de vingança. Em geral, o agressor consegue fazer com que outros alunos se unam a ele, formando grupos (gangues). Consegue também induzir aqueles que lhe são mais íntimos a escolherem um bode expiatório, que tem em sua aparência, em sua forma de vestir ou em suas maneiras e trejeitos algo que demonstre que é presa fácil para os seus ataques. Ao que parece, o agressor sente a mesma satisfação quando ataca ou quando são outros que atacam a vítima. Caso seus atos produzam alguma conseqüência, o agressor sempre tem alguma estratégia inteligente para sair-se bem.

Na maioria das vezes, entretanto, os professores ou outros profissionais da escola não percebem a agitação ou não se encontram presentes no local quando acontecem os ataques à vítima; assim, os próprios alunos ficam entregues a si mesmos para resolver seus conflitos.

É comum que a vítima não conte para os professores e para os pais o que lhe acontece na escola. Também é comum que os outros alunos participem dos maus-tratos ao bode expiatório, já que todos sabem, por um lado, que ele é frágil e não se atreve a revidar e, por outro, que nenhum dos alunos mais fortes da classe sairão em sua defesa. A partir do momento em que os valentões da classe o atacam, o aluno agredido chega até a estranhar quando pouco hostilizado, pois, no fundo, acredita que não tem valor e que é merecedor dos ataques. Aos poucos vai se isolando do grupo-classe, uma vez que sua reputação se torna cada vez pior entre seus companheiros por causa das constantes gozações e dos ataques abertos, ficando evidente para todos que não serve para nada.

Não raro alguns alunos são tomados pelo medo de que sua reputação seja ameaçada ou de provocarem o desdém ou a desaprovação dos agressores se alguém os vir em companhia do aluno alvo das gozações. Alguns temem se tornar a próxima vítima, e, dessa forma, o isolamento do aluno, alvo do *bullying*, é fato consumado.

Ainda, segundo o autor, não há dúvida de que a maioria dos casos de *bullying* acontece no interior da escola. Entretanto, para que um comportamento seja caracterizado como *bullying*, é necessário distinguir os maus-tratos ocasionais e não graves dos maus-tratos habituais e graves.

Portanto, os atos de *bullying* entre os alunos apresentam determinadas características comuns: são comportamentos produzidos de forma repetitiva num período prolongado de tempo contra uma mesma vítima; apresentam uma relação de desequilíbrio de poder, o que dificulta a defesa da vítima; ocorrem sem motivações evidentes; são comportamentos deliberados e danosos.

Os comportamentos *bullying* podem ocorrer de duas formas: direta e indireta, ambas aversivas e prejudiciais ao psiquismo da vítima. A direta inclui agressões físicas (bater, chutar, tomar pertences) e verbais (apelidar de maneira pejorativa e discriminatória, insultar, constranger); a indireta talvez seja a que mais prejuízo provoque, uma vez que pode criar traumas irreversíveis. Esta última acontece através de disseminação de rumores desagradáveis e desqualificantes, visando à discriminação e exclusão da vítima de seu grupo social.

Estudos do fênomeno e constatações

Desde o ano 2000 estamos desenvolvendo alguns estudos pioneiros no Brasil sobre o fenômeno *bullying*, iniciados em escolas do interior paulista e atualmente em desenvolvimento no Distrito Federal. Sem contarmos com qualquer patrocínio ou incentivo, dispusemos de recursos próprios e árduos trabalhos voluntários tanto para pesquisas, estudos, contatos e viagens, quanto para participação em programas de rádio e televisão, objetivando despertar o maior número possível de pessoas para a relevância desse fenômeno. Diante da limitação de recursos financeiros disponíveis para a realização das pesquisas, foi pequeno o universo de escolas pesquisadas e o número de alunos entrevistados não ultrapassou a marca de 450 indivíduos por grupo.

Durante esse tempo, temos nos empenhado no combate ao *bullying* com o intuito de conscientizar pais, professores, alunos, psicólogos, psiquiatras, pediatras e demais profissionais envolvidos no processo educacional. Procuramos demonstrar que é possível reduzir os índices de sua manifestação por meio das estratégias que desenvolvemos e sugerimos no Programa Educar para a Paz. Temos participado de palestras, seminários e congressos, incentivando novos estudos e pesquisas, além de promovermos cursos de capacitação, objetivando identificar e diagnosticar o fenômeno para intervir em suas causas e conseqüências, visando à sua redução.

Ficamos muito impressionados com a pouca conscientização da realidade do fenômeno nos meios educacionais e com o despreparo dos profissionais desse setor para lidarem com a violência, especialmente a velada. Algo que chamou nossa atenção foi o fato de muitos diretores negarem o fenômeno da violência existente em suas escolas, principalmente os que administram escolas particulares. Quando questionados, diziam: "Na minha escola não há violência, apenas alguns casos pontuais, mas atuamos imediatamente tomando as devidas providências junto aos agressores". Posteriormente, após a apresentação dos resultados das pesquisas mostrando a existência do *bullying*, ficavam perplexos por nunca terem imaginado que isso ocorresse em seu meio. Alguns pediam sigilo sobre a divulgação dos resultados; outros sobre o nome da escola ou do município, quando este era de pequeno porte, temendo talvez pela reputação da sua escola. Ouvimos ainda, de alguns educadores, que esse tipo de relação baseada na submissão sempre existiu, sendo "normal" encontrar nas escolas os grupos que dominam e os que se deixam dominar, e que isso faz parte da vida, devendo os alunos aprender sozinhos a conviver e a lidar com essas situações impostas por seus agressores, pois, afinal, experiências assim os tornarão fortes para enfrentarem os desafios futuros.

Acreditamos oportuno fazer aqui um apelo a todos os profissionais de educação: por favor, valorizem os sentimentos que as vítimas expressam e entendam que para elas é muito difícil falar sobre o que lhes está ocorrendo! Não pensem que aprenderão aos trancos a se desvencilharem de situações difíceis como essas. Se estão pedindo a sua ajuda é porque já não suportam mais o peso do sofrimento e podem estar propensas a cometer um desatino.

Por outro lado, ficamos surpresos ao constatar a acolhida carinhosa e o interesse pessoal despertado pelo tema, além do empenho por parte daqueles com quem trabalhamos e que, após serem conscientizados do fenômeno e esclarecidos sobre as estratégias viáveis por nós utilizadas no seu combate, mobilizaram-se criativamente na erradicação dessa "síndrome social".

O interesse pelo tema tem crescido a olhos vistos, o que se verifica pelo compromisso despertado nos participantes dos cursos que ministramos, envolvendo-se eles na produção de rico material didático-pedagógico, participando de laboratórios de análise de dados e desenvolvimento de estratégias de combate ao *bullying* e procurando adequá-las, com inteligência e sensatez, às suas realidades. Objetivamos com isso incentivar o surgimento de novos pesquisadores e parceiros que se aliem a nós nesta causa comum para a erradicação do fenômeno e de suas trágicas seqüelas.

Sem dúvida alguma trata-se de um tema fascinante, principalmente pela quantidade de educadores por nós capacitados que relataram já terem vivenciado esse tipo de comportamento em seus tempos de escola e por constatarem atualmente a presença desse fenômeno entre seus alunos, nas salas de aula dos estabelecimentos onde trabalham.

Primeiro estudo

Nosso primeiro estudo foi efetuado no ano 2000, em Barretos, cidade do interior paulista com aproximadamente cem mil habitantes. Nesse estudo, realizado em uma escola da rede particular de ensino, contamos com a participação de um grupo de 430 alunos de 5ª a 8ª séries do ensino fundamental e de 1ª e 2ª séries do ensino médio. Como instrumento de análise, utilizamos um questionário composto de alguns itens que visavam detectar os tipos de violência que sofriam os alunos, o local onde mais incidiam as condutas *bullying*, além dos fatores determinantes de tais condutas. O objetivo principal desse estudo consistiu na identificação do fenômeno, se existia ou não, e qual o seu indicador.

Dessa forma, concluímos que 81% dos alunos desse grupo (348) se envolveram em algum tipo de conduta violenta nesse ano letivo. Desses, 41% foram considerados casos de *bullying*; 18% foram considerados vítimas; 14% agressores; e 9% vítimas agressoras.

Detectamos que o local onde houve maior incidência foi a sala de aula e, em segundo lugar, os corredores. Quanto ao gênero, 64% das condutas *bullying* foram praticadas por meninos ou grupos formados por meninos que estudavam na mesma sala de aula das vítimas.

As condutas mais incidentes foram, respectivamente, os maus-tratos verbais e psicológicos, por meio de gozações, ameaças, intimidações e rumores maldosos; e os maus-tratos físicos, por meio de "sardinhas" (bater o dedo de raspão, de cima para baixo, nas nádegas do outro) e de chutes recebidos no "corredor polonês" (forma-se um corredor humano estreito por onde a vítima é obrigada a passar sob tapas e pontapés). A exclusão do grupo foi detectada em 32% e os maus-tratos sexuais foram identificados em 3%.

Quanto às determinantes do fenômeno, o fator familiar foi o preponderante, sendo que 73% dos envolvidos em *bullying* disseram que reproduziam a violência sofrida em casa contra os companheiros de escola.

Segundo estudo

Num segundo estudo, realizado em 2001, desenvolvemos uma estratégia diferente. Dispusemos de uma amostragem de um universo de 431 alunos, de 7 a 16 anos, de cinco escolas da rede pública e particular de ensino de dois municípios do interior paulista:

um com aproximadamente quatro mil habitantes e outro com aproximadamente quatrocentos mil habitantes (São José do Rio Preto). Nosso objetivo principal nesse estudo foi identificar a existência da fenomenologia *bullying* numa escola de um município de pequeno porte, bem como quantificar seus índices e compará-los em estudos posteriores.

Nesse estudo, constatamos que 87% dos alunos participantes (375) se envolveram em condutas violentas no decorrer desse ano letivo. Desses, 47% se envolveram em condutas *bullying*, sendo que 21,38% foram identificados como vítimas, 15,61% como agressores e 10,1% vítimas agressoras.

Constatamos ainda que o local onde as condutas foram praticadas com maior incidência foi a sala de aula, seguida pelo exterior da escola e pelo pátio de recreio.

Quanto ao gênero dos envolvidos, verificamos que 66% dos agressores eram meninos, agindo sozinhos ou em grupos formados por meninos e meninas, sendo que a maioria dos agressores estudava na mesma sala de aula das vítimas.

As condutas que mais incidiram nesse grupo estudado foram, respectivamente, os maus-tratos verbais, por meio de gozações, apelidos indesejáveis, acusações, insultos, humilhações, discriminações e agressões morais por comentários maldosos, ameaças e chantagens, ataques à propriedade com furtos de materiais e dinheiro; e os maus-tratos físicos, por meio de chutes, socos e indução à agressão ao outro.

Constatamos, ainda, que 87% dos alunos envolvidos em *bullying* acreditam que os maus-tratos entre os companheiros podem ser conseqüência direta da violência doméstica, reproduzida na escola; 82% disseram que costumam reproduzir a violência sofrida contra outros colegas; e 87% acreditam que, por causa do autoritarismo dos pais, o filho tem que impor sua autoridade sobre outrem.

Terceiro estudo

Num terceiro estudo, realizado em 2002, na cidade de São José do Rio Preto, interior paulista, nossa investigação centrou-se em apenas uma escola da rede pública municipal de ensino, com aproximadamente quatrocentos e cinqüenta alunos.

Nesse estudo, desenvolvemos uma outra estratégia, muito mais ampla, que nos permitiu, através dos indicadores utilizados, desenhar o quadro geral da escola, ou seja, detectar o número de alunos envolvidos, sua localização e identificação, bem como a visão que os professores e demais profissionais da escola possuíam sobre essa problemática. Como instrumento de investigação, dessa vez utilizamos vários questionários, direcionados aos professores, aos funcionários e aos alunos. Assim, pudemos conhecer ainda melhor a realidade da escola e, a partir dela, conscientizar toda a comunidade escolar, bem como as autoridades educacionais responsáveis, para que pudéssemos intervir nessa realidade, trabalhando em conjunto a fim de modificá-la.

Concluímos que somente no primeiro semestre daquele ano letivo, 66,92% dos alunos (301) haviam se envolvido em condutas *bullying*, sendo que 25,56% foram considerados vítimas, 22,04% agressores e 19,32% vítimas agressoras.

Em relação aos alunos - Os percentuais das condutas agressivas que mais ocorreram entre os alunos foram: 54%, apelidos que incomodam; 50%, brincadeiras que causam aborrecimentos; 46%, acusações; 45%, discriminações; 41%, gozações; 40%, ofensas. Verificamos que 39% das vítimas sofreram furtos de materiais escolares, lanches e dinheiro e 29% foram vítimas de agressões morais por meio de comentários maldosos. Detectamos ainda que 16% foram induzidos a agredir outros colegas; 14% foram vítimas da violência física através de chutes e pontapés; 11% foram ameaçados; 10% foram vítimas de abusos sexuais, que consistiam em "passar a mão" nas genitálias (feminino e masculino), nas nádegas e nos seios; e 9% foram vítimas de chantagens.

Pudemos constatar que os locais onde ocorreram os ataques foram: 52% em sala de aula; 23% no pátio de recreio; 14% nos corredores; 11% fora da escola; 5% nos banheiros; e 11% em outros lugares da escola (biblioteca, quadra esportiva, jardim).

Em relação ao gênero dos agressores: 38% eram meninos agindo individualmente; 13%, meninos agindo em grupos; 7%, meninas agindo individualmente; 4%, meninas agindo em grupos; 11%, grupo misto, formado por meninos e meninas; e 2%, participação generalizada, incluindo adultos.

Quanto ao aspecto físico dos agressores: 23% responderam que os agressores são mais velhos e aparentemente mais fortes, e 21% responderam que são da mesma idade, porém aparentemente mais fortes que as vítimas.

Quanto à localização dos agressores: 51% estudavam na mesma classe das vítimas; 16%, em outras classes; e 9% dos agressores não eram da escola.

Em relação à freqüência dos ataques: 11% responderam que todos os dias sofriam ataques; 3%, duas ou mais vezes por semana; 3%, uma vez por semana; 8,56%, várias vezes na semana; e 74,43%, às vezes.

Quanto às emoções provocadas nas vítimas: 34% responderam que se sentiam chateadas; 22%, que se sentiam desesperadas, sem saberem o que fazer e a quem recorrer; 11%, que nada podiam fazer para impedir; 9%, que se sentiam humilhadas; e 15%, que não se incomodavam, acreditando tratar-se de brincadeiras.

Quanto às determinantes, constatamos: 31,84% dos alunos agressores responderam serem vítimas da violência doméstica; dos 49,46% que responderam que reproduziam, contra outras pessoas, a violência sofrida: 39,13% reproduziam-na contra os próprios irmãos; 34,78% contra os colegas de escola; 13,04% contra qualquer pessoa; e 6,52% contra os professores.

Quanto aos tipos de violência sofrida em casa: 46,23% foram caracterizados como maus-tratos psicológicos: castigos, intimidações, chantagens, depreciações da imagem e impedimentos; 19,35% sofriam de maus-tratos físicos; e 18,27%, de maus-tratos verbais.

Quanto aos locais onde aconteciam as diversas formas de violência doméstica: 37,63% disseram que aconteciam em qualquer lugar; 34,40% disseram que em suas casas; 23,65% disseram que ocorriam nas ruas; e 5% responderam que em outros lugares.

Quanto à freqüência das violências sofridas em casa: 41,87% dos casos disseram ocorrer semanalmente e 59,13%, de vez em quando.

Em relação à opinião dos professores - Quanto aos dados coletados sobre a opinião dos professores no que diz respeito ao *bullying* escolar, os resultados demonstraram que 95% acreditavam que o fenômeno devia ser considerado um problema para a convivência escolar; 65% responderam que notavam com freqüência os maus-tratos entre os alunos; 47% responderam que dedicavam entre 21% e 40% do seu tempo escolar aos problemas de indisciplina e de conflitos entre os alunos.

Em relação às causas determinantes: 56% dos professores acreditavam que o contexto familiar era o responsável pelo comportamento agressivo dos alunos, e 34% acreditavam ser o contexto social.

Em sua maioria, 52%, os professores disseram que o local onde mais se desenvolviam as condutas violentas era a sala de aula, e 43% acreditavam que elas ocorriam no pátio. Ainda, segundo eles, a violência verbal era a forma mais praticada entre os alunos, seguida pela violência física. Acreditava também, a maioria dos professores, que a solução para tais comportamentos estava na adoção de programas de prevenção como objetivo prioritário do projeto pedagógico escolar.

Em relação à opinião dos funcionários - Em relação aos dados obtidos através de pesquisa realizada com os funcionários dessa escola, 87% acreditavam que a violência entre escolares devia ser considerada como um problema para a convivência escolar; 75% notavam com freqüência a presença de violência ou de maus-tratos entre os alunos; 100% acreditavam que o contexto que determinava tais condutas era o familiar.

Quanto aos locais de maior ocorrência da violência, a maioria disse ser o pátio e que os tipos que mais presenciavam eram os de expressão verbal, 62%, contra 34% de violência física.

A maioria dos funcionários acreditava que a solução para os problemas existentes entre agressores e vítimas estaria no tratamento especial que deveria ser prestado aos alunos envolvidos e no desenvolvimento de estratégias de intervenção e prevenção.

Constatamos ainda um dado relevante quanto à distinção que os funcionários faziam entre o *bullying* e outras formas de condutas indisciplinadas: 37% disseram que freqüentemente conseguiam distinguir os atos de indisciplina dos comportamentos violentos, 37% disseram que às vezes conseguiam fazer essa distinção, e 25% não conseguiam distinguir.

Quanto à identificação e procedimentos adotados em relação ao *bullying*, 62% responderam que conseguiam identificar quando um aluno atuava como vítima ou agressor no contexto escolar, 53% disseram que encaminhavam os envolvidos à direção escolar, e os demais afirmaram que conversavam com cada um dos envolvidos, particularmente, buscando soluções para os conflitos.

Os funcionários disseram que sofreram algum tipo de violência por parte dos alunos em seu local de trabalho, sendo esse índice de 13%.

Quarto estudo

Um quarto estudo foi realizado em 2003, numa pacata cidade interiorana do Estado de São Paulo, com cerca de dez mil habitantes. Participaram desse grupo 450 alunos de 5ª a 8ª séries de uma escola pública estadual, sendo a maioria proveniente da zona rural. Constatamos que 45% dos alunos (202) estavam envolvidos em comportamentos *bullying*; desses, 24% foram vítimas, 8%, agressores e 13%, vítimas agressoras.

As condutas que mais incidiram foram os apelidos pejorativos e as gozações, pelo fato de que a maioria das vítimas era transportada para a escola em caminhões ou em carroças que apanhavam o leite nas fazendas ou sítios da região todos os dias pela manhã. Em seguida vieram as ofensas, os insultos, as brincadeiras de mau-gosto e as discriminações. Dessa forma, 80% dos maus-tratos foram atribuídos às agressões verbais. Quanto às outras formas de maus-tratos, 8% foram ataques físicos; 6%, morais; 3%, sexuais; e 3% foram coagidos à agressão, do contrário eles é que seriam agredidos.

Em relação à freqüência dos ataques, 10% disseram que ocorriam todos os dias; 4%, duas ou mais vezes na semana; 5%, uma ou mais vezes na semana; e 52% disseram ocorrer de vez em quando. A principal queixa das vítimas quanto às emoções vivenciadas pelos ataques *bullying* foi a humilhação.

Outro dado detectado nesse grupo de estudo foi que 88% das vítimas não comentaram com ninguém sobre os maus-tratos recebidos.

Em relação à atitude de quem presenciava os maus-tratos, verificou-se que ninguém interferia e até geralmente se riam das brincadeiras e gozações.

Quanto ao local dos ataques: um pequeno índice de 3% demonstrou que as agressões foram praticadas em lugares isolados, onde não havia ninguém por perto que pudesse vir em defesa da vítima.

Quanto ao gênero: 34% das condutas foram praticadas por meninos agindo individualmente ou em grupos. As meninas tiveram uma participação de 21%, agindo individualmente ou em grupos.

Esse estudo mostrou um dado de extrema relevância: 81% dos alunos envolvidos disseram acreditar que o comportamento *bullying* é resultante dos maus-tratos que o agressor recebe em casa e que as atitudes adotadas por ele contra seus companheiros de escola traziam-lhe satisfação pessoal.

Um outro dado identificado nesse grupo foi que 8% dos alunos foram classificados como agressores, enquanto 24% foram considerados vítimas de *bullying*. Isso significa que para cada agressor existiam três vítimas. Acreditamos ser esse dado de suma importância, uma vez que as pesquisas mundiais apontam a mesma proporção, de três vítimas para cada agressor, o que vem a confirmar nossa opinião de que se deve conhecer a realidade de cada escola em relação ao fenômeno *bullying*, uma vez que cada escola apresenta peculiaridades específicas.

Em 2004, orientamos várias pesquisas no curso de pós-graduação sobre o fenômeno *bullying*, desenvolvidas pelos alunos do curso em seus locais de trabalho. Por meio delas pudemos constatar a presença do fenômeno em todas as escolas pesquisadas. Os resultados ainda não foram concluídos; pretendemos publicá-los em breve no nosso próximo livro, que se encontra em fase conclusiva.

Conclusões

Comparando o estudo sistemático que vimos desenvolvendo nestes últimos cinco anos por meio de pesquisas teóricas e de campo, de depoimentos de alunos, pais, professores e funcionários e de observações constatadas ao longo de nossa carreira no magistério, concluímos:

Em relação ao fenômeno - A presença do fenômeno constitui realidade inegável em nossas escolas, independentemente do turno escolar, das áreas de localização, do tamanho das escolas ou das cidades, de serem as séries iniciais ou finais, de ser a escola pública ou privada. Isso significa que o *bullying* acontece em 100% das nossas escolas. Ele é o responsável pelo estabelecimento de um clima de medo e perplexidade em torno das vítimas, bem como dos demais membros da comunidade educativa que, indiretamente, se envolvem no fenômeno sem saber o que fazer.

Em relação às causas da ação do agressor - A ação individual do agressor acaba se irradiando e se transformando numa ação coletiva, fato que decorre de uma espécie de aliciamento por meio do qual os admiradores do agressor reiteradamente repetem suas condutas, atacando geralmente a mesma vítima ou uma outra.

O poder do agressor é exercido pela imposição de autoridade respaldada na sua força física e/ou psicológica que o destaca perante o grupo, transformando-o num modelo de identificação a ser seguido. Muitas vezes, um aluno adere ao grupo de agressores ou se converte em agressor por pressão ou como estratégia de defesa, para não se transformar em uma nova vítima, para não ser banido do grupo, ou, ainda, para garantir uma certa popularidade, efeito *baddy boy*.

As causas desse tipo de comportamento, segundo especialistas, devem-se à carência afetiva, à ausência de limites e ao modo de afirmação do poder dos pais sobre os filhos, por meio de "práticas educativas" que incluem maus-tratos físicos e explosões emocionais violentas.

Para nós, duas são as causas que podem sintetizar as demais:

- a necessidade que tem o agressor de reproduzir contra outros os maus-tratos sofridos tanto em casa quanto na escola, como forma, talvez, de exercer autoridade e de se fazer notado, ou por ser a única maneira que lhe foi ensinada para lidar com as inseguranças pessoais sentidas diante do grupo de iguais, buscando com isso reconhecimento, auto-afirmação e satisfação pessoal. O fato é que a reprodução constante desses comportamentos agressivos e intimidatórios no convívio escolar implica um número cada vez maior de alunos, irradiando-se como dinâmica psicossocial doentia e repetitiva, numa espécie de ciclo vicioso que denominamos Síndrome de Maus-Tratos Repetitivos (SMAR). Essa síndrome é oriunda do modelo educativo predominante, introjetado pela criança na primeira infância. Sendo repetidamente exposta a estímulos agressivos, aversivos ao seu psiquismo, a criança os introjeta inconscientemente ao seu repertório comportamental, transformando-se posteriormente numa dinâmica psíquica mandante de suas ações e reações. Dessa forma, estará predisposta a reproduzir a agressividade sofrida ou a reprimi-la, comprometendo, assim, o seu processo de socialização;

- a ausência de modelos educativos humanistas, capazes de estimular e orientar o comportamento da criança para a convivência social pacífica e para o seu crescimento moral e espiritual, fatores indispensáveis ao bom processo socioeducacional, que se torna promotor de auto-superação na vida. A ausência desses valores humanistas tem induzido o educando ao caminho da intolerância, que se expressa pela não-aceitação das diferenças pessoais inerentes a todos os seres humanos. Dessa forma, o *bullying* começa freqüentemente pela recusa de aceitação de uma diferença, seja ela qual for, mas sempre notória e abrangente, envolvendo religião, raça, estatura física, peso, cor dos cabelos, deficiências visuais, auditivas e vocais; ou é uma diferença de ordem psicológica, social, sexual e física; ou está relacionada a aspectos como força, coragem e habilidades desportivas e intelectuais. A constatação dessas diferenças faz surgir conflitos interpessoais de convivência, e os métodos utilizados para solucioná-los são aqueles aprendidos nas vivências experienciadas no modelo educativo a que o educando foi submetido, que é expresso pela imposição de autoridade e pelo emprego de vários tipos de atitudes e linguagem violenta para fazê-lo obedecer.

Em nossos estudos, percebemos que a SMAR se intensifica conforme aumenta o grau de escolaridade, diversificando assim as formas de sua manifestação e convertendo-se em uma dinâmica expansiva que envolve um número cada vez maior de integrantes, alastrando-se de forma epidêmica e dando origem ao fenômeno *bullying*. Consideramos como agravante o fato de que as crianças envolvidas no fenômeno ainda não desenvolveram maturidade suficiente para conceber todas as conseqüências que poderão resultar do seu envolvimento nesse tipo de comportamento nem tampouco adquiriram as habilidades necessárias para lidar com ele, o que requereria uma conscientização preventiva por parte de toda a comunidade educacional.

Dos ciclos iniciais (jardins e pré-escola) até a 4ª série, as condutas *bullying* tornam-se mais perceptíveis, facilitando ao professor a identificação das vítimas e dos agressores na classe. Nesse período, o pátio do recreio é o local onde ocorre a maior incidência de maus-tratos.

Dentre os tipos que mais incidem até a 2ª série, sem sombra de dúvida se destacam os maus-tratos físicos. Em seguida, vêm as ofensas, as acusações e as discriminações, especialmente manifestadas por meio de apelidos e xingamentos relacionados ao aspecto sexual.

As crianças portadoras de deficiências físicas e de necessidades educacionais especiais correm maiores riscos de se tornarem vítimas de *bullying*, riscos estes duas a três vezes maiores do que as crianças consideradas normais.

Nas 3ª e 4ª séries, operam-se algumas mudanças no desencadeamento das condutas: os maus-tratos físicos associam-se às ameaças e chantagens, especialmente contra os alunos mais frágeis ou tímidos. Também se desenvolve com maior freqüência o comportamento abusivo, em que o agressor tenta impor sua autoridade, por meio da força física e de ameaças psicológicas, a seus companheiros de classe ou alunos das séries menos avançadas.

As reclamações mais comuns dos alunos das séries iniciais referem-se às ameaças que sofrem, caso não cumpram o que lhes for exigido pelo agressor. Por exemplo, ficar na fila da merenda no lugar do agressor e, só depois de servi-lo, ficar livre para entrar novamente na fila e se alimentar; ou ser obrigado a dar ou dividir seu lanche; ou ter que pagar ao agressor refrigerantes ou qualquer outra coisa da cantina; ou ser levado a pagar em dinheiro valores que não deve; ter que dar figurinhas ou outros materiais... Isso entre outras inúmeras barbaridades, como ser obrigado a chupar balas e chicletes encontrados no chão, comer a merenda misturada com detergente ou pó de giz, beber água misturada com perfume ou outro ingrediente, fazer pose de cachorrinho... Enfim, são muitos os tipos de maus-tratos que os alunos sofrem nas escolas e que passam despercebidos dos adultos.

Durante nossas observações em sala de aula, notamos que algumas crianças, sem motivos aparentes, levantam-se de suas cadeiras para hostilizar o companheiro. Batem nele, pegam alguns de seus pertences sem pedir consentimento, rasgam ou rabiscam folhas de cadernos ou livros, ofendem-no e, muitas vezes, acusam-no injustamente. Na tentativa de justificarem sua conduta quando denunciados, invertem os papéis: de agressores se transformam em vítimas.

Quando o professor toma alguma medida, sendo a mais comum o encaminhamento à direção escolar, o agressor exige, sob ameaças, que a vítima desminta ou confirme que era brincadeira. Em alguns relatos das 2as séries, os alunos disseram que "sua vida escolar é muito triste, um inferno, porque muitos colegas os xingam de nomes feios, inclusive envolvendo seus pais nos xingamentos ou apelidos".

Da 5ª série em diante, os maus-tratos começam a ser maquiados ou disfarçados, tornando-se mais difíceis de identificar, uma vez que se desenvolvem, basicamente, por meio da linguagem não-verbalizada, ou seja, da linguagem visual, gestual e corporal. Ameaças, apelidos, difamações, discriminações, ofensas, furtos, abusos sexuais e, especialmente, indução aos maus-tratos e à exclusão do grupo são as condutas mais incidentes. É no exterior da escola que as ameaças se cumprem, sendo a hora da saída o momento dos "acertos de conta", em que os alunos "se pegam".

Os xingamentos que tomam por base o campo sexual atingem seu ápice entre os 13 e 14 anos, idade da puberdade aflorada, quando a busca de identificação e a afirmação da virilidade devem ser manifestadas perante o grupo. Nessa fase a participação das meninas nos maus-tratos é pouco inferior à participação dos meninos, embora se apresente de forma mais discreta e oculta. Ocorre, especialmente, na propagação de rumores, nos comentários maldosos, nas acusações e ofensas morais, objetivando, sobretudo, a exclusão da vítima do convívio grupal, buscando torná-la execrável a todos e obtendo, com isso, a interrupção de suas amizades.

No ensino médio, a maioria dos maus-tratos acontece de forma disfarçada, principalmente na 1ª e 2ª séries, semelhante às séries finais do ensino fundamental, ou através de pequenos ataques abertos. Sua maior incidência faz-se notar nos apelidos, ofensas, ameaças e brigas dentro e fora da escola.

Mesmo tendo constatado a formação de gangues dentro da escola como decorrência do *bullying*, nesse período escolar encontramos o envolvimento e a participação de alguns alunos agressores em gangues fora da escola, cujo objetivo maior era dominar e impor o seu poder para realizar seus diversos interesses. Em entrevistas com esses alunos agressores, participantes dessas gangues, constatamos que eles se sentiam fortalecidos e protegidos em suas ações dentro da escola, uma vez que contavam com uma intervenção externa a qualquer momento que precisassem, bastando, para isso, uma simples chamada via celular de dentro da escola.

Esse relevante dado nos leva a acreditar que há uma correlação entre o *bullying* e a formação de gangues; que esse modelo induz outros alunos a buscarem proteção em grupos fora da escola, para resolverem seus conflitos pessoais ocorridos dentro da escola, muitas das vezes em troca de "favores"; e ainda estimula outras formas de violência explícitas, chegando com facilidade à marginalidade, à delinqüência, ao uso de armas, de drogas, ao envolvimento em rivalidades e disputas de territórios. Constatamos ainda que a participação das meninas, nessa fase, é pouco menor que a dos meninos.

Entretanto, uma tendência mundial indica que o *bullying*, anteriormente sempre associado ao comportamento masculino, vem ganhando cada vez mais espaço entre as meninas. Isso se justifica em razão de que as meninas estão copiando as condutas agressivas dos meninos, inclusive fazendo uso de maus-tratos físicos como forma de demonstrar poder em seus grupos sociais, principalmente na escola. Comprovando essa tendência, o uso da internet e de celulares vem aumentando e facilitando a perseguição entre as meninas. Pesquisas realizadas na Inglaterra indicam que, de cada quatro meninas, uma é vítima de *bullying* por celular[11].

Em relação ao ambiente em que se desenvolve - Ao contrário do que se pensa, o *bullying* não é um fenômeno próprio de escolas públicas das zonas periféricas das grandes cidades, onde a violência, o tráfico e o consumo de drogas se integram à vida dos habitantes. Concretamente, os índices de sua incidência não são menores nas escolas particulares nem nas pequenas cidades.

Em nossos estudos, a porcentagem detectada em um pequeno município de aproximadamente quatro mil habitantes demonstrou que 79% dos alunos sofreram violência por parte de seus companheiros de escola. Desses, 17% foram casos de *bullying*.

Quanto à escola particular, em nosso primeiro estudo constatamos indicadores semelhantes. Portanto, as condutas *bullying* não se referem a uns casos isolados de um tipo de violência, mas a um fenômeno que se desenvolve e se alastra em todas as escolas, com menor ou maior intensidade, como já mencionamos anteriormente.

Estudos realizados por universidades portuguesas constataram que, nas escolas do país, o lugar onde o *bullying* ocorre mais significativamente e com maior número de casos é o pátio de recreio, por tratar-se "de um espaço vazio, de uma terra de ninguém, sobre o qual ninguém tem responsabilidade", segundo a professora Beatriz Pereira, da Universidade do Minho[12].

Na maioria dos países essa tendência está confirmada, e muitas medidas obrigatórias para o seu combate e controle já foram implantadas. Entretanto, em nossos estudos, verificamos que o *bullying* ocorre com maior freqüência na sala de aula. Esse mesmo resultado foi mais recentemente identificado nas pesquisas realizadas pela Abrapia em escolas do Rio de Janeiro.

Talvez esse dado relevante por nós identificado seja um sinal de que os nossos professores ainda não sabem distinguir entre condutas violentas e brincadeiras próprias da idade, bem como lhes falta preparo para identificar, diagnosticar e desenvolver estratégias pedagógicas para enfrentar os problemas *bullying*.

É necessário que os nossos professores sejam capacitados e habilitados para lidar com esse fenômeno, uma vez que ele os atinge diretamente, a considerar o baixo rendimento, observado em vários alunos, como "resultado do seu trabalho"; também os afeta veladamente, de maneira sutil e estressante, dentre outros motivos, pelo fato de ser o professor um ser emocional, capaz de perceber e captar tanto as atitudes de interesse dos alunos como o clima emocional da turma. Caso ele não tome consciência de que está convivendo num ambiente onde uma grave síndrome social se desenrola, poderá sofrer sérias conseqüências – aliás, esse é um tema inédito que precisa ser objeto de pesquisa. Esperamos que, no menor espaço de tempo possível, tenhamos no país professores que estejam a par desse tipo de comportamento violento, sendo capazes de distingui-los dos comportamentos ditos normais entre os alunos, contribuindo assim para fazer da escola o melhor lugar do mundo, propício para o estudo e para o trabalho.

Esse despreparo dos professores ocorre porque, tradicionalmente, nos cursos de formação acadêmica e nos cursos de capacitação, são treinados com técnicas que unicamente os habilitam para o ensino de suas disciplinas, não sendo valorizada a necessidade de lidarem com o afeto e muito menos com os conflitos e com os sentimentos dos alunos. Acreditamos que os professores deveriam ser preparados para educar a emoção dos seus alunos.

Mas os próprios professores têm dificuldades emocionais para lidar com os problemas de maus-tratos ou de violência que ocorrem em sala de aula e, incapazes de oferecer uma resposta eficaz à situação, acabam reagindo com agressividade. Transformam-se, assim, em modelos para muitos alunos, que acabam repetindo as condutas agressivas adotadas por seus mestres. Não nos esqueçamos de que o "modelo vicário" é uma das formas mais comuns de aprendizado por imitação.

Assim sendo, alguns professores se convertem em agressores devido à sua postura de autoritarismo e intimidação na tentativa de obter poder e controle diante do grupo-classe. Um exemplo clássico é a maneira de chamar a atenção e corrigir o comportamento dos alunos, depreciando-os na frente dos colegas, discriminando-os, mostrando preferências por outros, fazendo comparações, ameaçando-os, perseguindo-os e intimidando-os. Não são poucos os professores que, ao se referirem a alguns de seus alunos, chamam-nos por apelidos (que, às vezes, eles mesmos colocam), como Cascão, Tampinha, Fantasminha, Lunático, Esquisito, Burraldo, fomentando, assim, a vitimização desses alunos.

Em nossas observações, tivemos algumas vezes a sensação de estar num campo de batalha. De um lado, um único e solitário "soldado"; do outro, centenas de inimigos descontrolados. Essa é a cena cotidiana dos recreios na maioria das escolas.

Nas filas da merenda e da cantina, os alunos exibiam alguns comportamentos que se tornaram comuns: empurrões, insultos e agressões físicas, além de palavrões e sinais que demonstravam falta de respeito, de consideração e de cooperação entre eles. Após o sinal ensurdecedor, avisando que deveriam retornar à sala de aula, mais uma vez os maus-tratos se repetiam nas filas dos bebedouros, nas escadas e nos corredores e, muitas vezes, se prolongavam nas salas de aula e na hora da saída. Raramente se via uma atitude solidária espontânea entre os alunos. Acreditamos que o egoísmo, a falta de habilidade para negociar a satisfação de seus desejos, a falta de atividades interativas entre eles e de opções de lazer determinavam toda essa rebeldia e toda essa agressividade, que, não encontrando outra via de expressão, eram deslocadas para o comportamento violento, manifestado especialmente contra os mais frágeis.

Em relação às vítimas - Geralmente, os envolvidos pelo *bullying* não violam a lei do silêncio. Em primeiro lugar, constatamos que a própria vítima teme denunciar seus agressores, seja por conformismo, seja por vergonha de se expor perante os colegas, temendo virar motivo de gozações ainda maiores.

Em segundo lugar, a reação dos próprios familiares da vítima, os quais amenizam a situação por temerem que ela sofra represálias dos seus agressores, agrava ainda mais a situação. A família só costuma intervir diante de situações mais drásticas, agindo somente quando o problema efetivamente já se instalou e suas conseqüências oferecem maior risco do que encarar a represália dos agressores. O problema é que assim a SMAR não será contida tão cedo, podendo resultar em graves tragédias, dentro e fora da escola.

Em terceiro lugar, verificamos o despreparo dos próprios professores, que não conseguem detectar esses problemas com facilidade, uma vez que as condutas *bullying* ocorrem dentro da sala de aula, expressas por linguagem não-verbal, por olhares intimidatórios, desqualificantes e atemorizadores, por risadinhas e muxoxos, ou por atitudes corporais nos intervalos de aula, durante a troca de professores. Nos pátios de recreio, as condutas tornam-se ainda mais difíceis de ser identificadas devido à insuficiência de supervisão em relação à quantidade do número de alunos.

Em quarto lugar, destacam-se os próprios companheiros, espectadores passivos, que, embora sejam testemunhas oculares, não se atrevem a denunciar os agressores. Sentem-se coagidos à omissão, à conivência e à cumplicidade por não quererem se envolver, ou por medo de se tornarem um novo integrante do "time das vítimas". Afinal de contas, expor-se à possibilidade de jogar nesse time é algo muito cruel. E depois, quem os ajudaria?

Nas entrevistas individuais realizadas com as vítimas, bem como através de seus relatos, foi notória a queixa de muitas por não terem recebido, de seus professores, atenção e importância no momento em que iam relatar o que lhes estava acontecendo. Em geral, pouca consideração era dispensada aos problemas ocorridos em sala de aula, especialmente aqueles relacionados às gozações, ofensas e apelidos. Segundo as vítimas, quando reclamavam e pediam ajuda aos professores, as respostas mais comuns que ouviam era para que revidassem ou ignorassem o fato. Infelizmente, tais orientações distanciam-se em muito do procedimento adequado a esses casos, pois não permitem que se tomem as providências cabíveis. As vítimas, nessa hora, precisam de proteção e de soluções que as ajudem a se livrar das condutas agressoras de alguns companheiros – condutas com as quais não conseguem lidar ou às quais são incapazes de responder de maneira eficaz.

Dessa forma, sem perceber, a vítima vai se isolando do grupo, o que prejudica sua reputação e faz aumentar ainda mais as "brincadeiras" e os ataques abertos. Nesse clima de indiferença, a vítima torna-se excluída do grupo, desencadeando uma série de problemas cujas conseqüências poderão acompanhá-la por toda a sua vida.

Restam-lhe, assim, somente três alternativas: evadir-se da escola, carregando consigo as conseqüências do fenômeno; suportar calada os ataques recebidos, diminuindo ainda mais sua auto-estima já bastante fragilizada e intensificando seu rancor em relação aos colegas e à própria escola; ou se converter em caça-vítimas, reproduzindo nos outros colegas os maus-tratos e a violência sofrida, transformando-se em vítima agressora e disseminando, com isso, ainda mais o fenômeno.

Protagonistas do fenômeno

Estudiosos dos comportamentos *bullying* identificam e classificam os tipos de papéis desempenhados, que são bem definidos entre os envolvidos no fenômeno, a saber:

- **vítima típica:** aquela que serve de bode expiatório para um grupo. A vítima típica é um indivíduo (ou grupo de indivíduos), geralmente pouco sociável, que sofre repetidamente as conseqüências dos comportamentos agressivos de outros e que não dispõe de recursos, *status* ou habilidades para reagir ou fazer cessar essas condutas prejudiciais. Suas características mais comuns são: aspecto físico mais frágil que o de seus companheiros; medo de que lhe causem danos ou de ser fisicamente ineficaz nos esportes e nas brigas, sobretudo, no caso dos meninos; coordenação motora deficiente, especialmente entre os meninos; extrema sensibilidade, timidez, passividade, submissão, insegurança, baixa auto-estima, alguma dificuldade de aprendizado, ansiedade e aspectos depressivos. Em muitos casos, relaciona-se melhor com pessoas adultas do que com seus companheiros. A vítima típica sente dificuldades de impor-se ao grupo, tanto física como verbalmente, e tem uma conduta habitual não-agressiva, motivo pelo qual parece denunciar ao agressor que não irá revidar se atacada e que é "presa fácil" para os seus abusos.

- **vítima provocadora:** aquela que provoca e atrai reações agressivas contra as quais não consegue lidar com eficiência. A vítima provocadora possui um "gênio ruim", tenta brigar ou responder quando é atacada ou insultada, mas geralmente de maneira ineficaz; pode ser hiperativa, inquieta, dispersiva e ofensora; é, de modo geral, tola, imatura, de costumes irritantes, e quase sempre é responsável por causar tensões no ambiente em que se encontra.

- **vítima agressora:** aquela que reproduz os maus-tratos sofridos. A vítima agressora é aquele aluno que, tendo passado por situações de sofrimento na escola, tende a buscar indivíduos mais frágeis que ele para transformá-los em bodes expiatórios, na tentativa de transferir os maus-tratos sofridos. Essa tendência tem sido evidenciada entre as vítimas, fazendo com que o *bullying* se transforme numa dinâmica expansiva, cujos resultados incidem no aumento do número de vítimas.

- **agressor:** aquele que vitimiza os mais fracos. O agressor, de ambos os sexos, costuma ser um indivíduo que manifesta pouca empatia. Freqüentemente, é membro de família desestruturada, em que há pouco ou nenhum relacionamento afetivo. Os pais ou responsáveis exercem supervisão deficitária e oferecem comportamentos agressivos ou violentos como modelos para solucionar os conflitos. O agressor normalmente se apresenta mais forte que seus companheiros de classe e que suas vítimas em particular; pode ter a mesma idade ou ser um pouco mais velho que suas vítimas; pode ser fisicamente superior nas brincadeiras, nos esportes e nas brigas, sobretudo no caso dos meninos. Ele sente uma necessidade imperiosa de dominar e subjugar os outros, de se impor mediante o poder e a ameaça e de conseguir aquilo a que se propõe. Pode vangloriar-se de sua superioridade real ou imaginária sobre outros alunos. É mau-caráter, impulsivo, irrita-se facilmente e tem baixa resistência às frustrações. Custa a adaptar-se às normas; não aceita ser contrariado, não tolera os atrasos e pode tentar beneficiar-se de artimanhas na hora das avaliações. É considerado malvado, duro e mostra pouca simpatia para com suas vítimas. Adota condutas anti-sociais, incluindo o roubo, o vandalismo e o uso de álcool, além de se sentir atraído por más companhias. Seu rendimento escolar, nas séries iniciais, pode ser normal ou estar acima da média; nas demais séries, em geral ainda que não necessariamente, obtém notas mais baixas e desenvolve atitudes negativas para com a escola.

- **espectador:** é o aluno que presencia o *bullying*, porém não o sofre nem o pratica. Representa a grande maioria dos alunos que convive com o problema e adota a lei do silêncio por temer se transformar em novo alvo para o agressor. Mesmo não sofrendo as agressões diretamente, muitos deles podem se sentir inseguros e incomodados. Alguns espectadores reagem negativamente, uma vez que seu direito de aprender em um ambiente seguro e solidário foi violado, o que pode influenciar sua capacidade e progresso acadêmico e social.

Identificação dos envolvidos

O *bullying* tem como característica principal a violência oculta. Considerando o mutismo da vítima, qualquer mudança que ocorra no comportamento da criança deve ser observada, por mais insignificante que pareça.

Segundo o pediatra e psiquiatra infantil Christian Gauderer, professor da Universidade Federal do Rio de Janeiro, a maioria dos pais e dos professores não está atenta para as situações de intimidação. Estas podem infernizar a vida do filho/aluno, afetar seu relacionamento familiar e causar entraves ao seu aprendizado; além disso, ele pode passar por sérios problemas emocionais por não conseguir fazer parte de um grupo[13].

Estudiosos do fenômeno concordam que o problema maior dos pais e dos professores se deve à dificuldade de identificar a ocorrência dessas pressões, já que a maioria das crianças reluta em falar abertamente sobre o assunto. O motivo principal, como já expusemos, é o sentimento de vergonha que a vítima experimenta por ter que admitir que está apanhando ou sofrendo gozações na escola, ou ainda por temer represálias do agressor. "Um dos sinais mais evidentes é a queda de rendimento escolar e a resistência em ir à aula", explica a especialista em violência infantil, Cacilda Paranhos, do Laboratório de Estudos da Criança da Universidade de São Paulo.

De acordo com o pesquisador Dan Olweus, para que um aluno possa ser identificado como vítima, os professores devem observar se ele apresenta alguns destes comportamentos:

- durante o recreio está freqüentemente isolado e separado do grupo, ou procura ficar próximo do professor ou de algum adulto?
- na sala de aula tem dificuldade em falar diante dos demais, mostrando-se inseguro ou ansioso?
- nos jogos em equipe é o último a ser escolhido?
- apresenta-se comumente com aspecto contrariado, triste, deprimido ou aflito?
- apresenta desleixo gradual nas tarefas escolares?
- apresenta ocasionalmente contusões, feridas, cortes, arranhões ou a roupa rasgada, de forma não-natural?
- falta às aulas com certa freqüência (absentismo)?
- perde constantemente os seus pertences?.

Os mesmos procedimentos interrogativos devem ocorrer em relação ao agressor. Entre seus comportamentos habituais:

- faz brincadeiras ou gozações, além de rir de modo desdenhoso e hostil?
- coloca apelidos ou chama pelo nome ou sobrenome dos colegas, de forma malsoante; insulta, menospreza, ridiculariza, difama?
- faz ameaças, dá ordens, domina e subjuga? Incomoda, intimida, empurra, picha, bate, dá socos, pontapés, beliscões, puxa os cabelos, envolve-se em discussões e desentendimentos?
- pega dos outros colegas materiais escolares, dinheiro, lanches e outros pertences, sem o seu consentimento?.

Recomendações aos pais

A opinião comum entre os diversos especialistas no assunto é que os pais devem procurar elevar a auto-estima dos seus filhos, ressaltar sempre suas qualidades e capacidades, procurar não culpá-los pelo que lhes está ocorrendo nem incentivá-los a revidar aos ataques, pois isso somente aumentaria a violência.

Segundo o pesquisador holandês Rob Limper, "o que se deve fazer é afastar a postura de culpar a vítima. Não é um bom plano aceitar que o destino da criança é ser maltratada"[14].

Entretanto, os pais devem estar atentos para não se precipitarem ao considerar seus filhos vítimas de *bullying*. O ideal é observar se não é o próprio comportamento da criança que motiva sua rejeição, ou se não é ela mesma que, inconscientemente, provoca determinadas situações com as quais não consegue lidar com facilidade (vítima provocadora), caso em que a criança necessita de acompanhamento psicológico – ela e seus familiares –, além de assistência psicopedagógica e da ajuda de outros profissionais especializados que se fizerem necessários.

Especialistas alertam que a ausência de limites e o excesso de mimos podem fazer com que a criança fique chata, egoísta, agressiva ou, ainda, que não se adapte e não consiga seguir as regras básicas de convivência em grupo.

É oportuno que os pais façam uma reflexão profunda sobre as suas próprias condutas em relação aos filhos e sobre o modelo de educação familiar, predominante em casa, que vem sendo aplicado. Nem sempre os pais se dão conta de que certos comportamentos que o filho manifesta são aprendidos em casa, como resultado do tipo de interação entre os familiares que é percebida por ele; muito menos procuram checar e refletir se o que o filho está realmente aprendendo tem relação com aquilo que "eles pensam" que está sendo ensinado. Acontecem resultados inesperados "nas melhores famílias", por isso é essencial que os pais acompanhem dia a dia o andamento escolar do filho, procurando incentivá-lo com entusiasmo e corrigi-lo com brandura, lembrando que acompanhar o desenvolvimento acadêmico dos filhos é tarefa obrigatória tanto das mães como dos pais. Observando o próprio filho, os pais podem detectar sinais de vitimização. Entre estes, o filho:

- apresenta, com freqüência, dores de cabeça, pouco apetite, dor de estômago, tonturas, sobretudo de manhã?
- muda o humor de maneira inesperada, apresentando explosões de irritação?
- regressa da escola com as roupas rasgadas ou sujas e com o material escolar danificado?
- apresenta desleixo gradual nas tarefas escolares?
- apresenta aspecto contrariado, triste, deprimido, aflito ou infeliz?
- apresenta contusões, feridas, cortes, arranhões ou estragos na roupa?
- apresenta desculpas para faltar às aulas?
- raramente possui amigos, ou possui ao menos um amigo para compartilhar seu tempo livre?
- pede dinheiro extra à família ou furta?
- apresenta gastos altos na cantina da escola?.

Quanto ao agressor, os pais devem observar nele os seguintes indícios:

- regressa da escola com as roupas amarrotadas e com ar de superioridade?
- apresenta atitude hostil, desafiante e agressiva com os pais e irmãos, chegando a ponto de atemorizá-los sem levar em conta a idade ou a diferença de força física?
- é habilidoso para sair-se bem de "situações difíceis"?
- exterioriza ou tenta exteriorizar sua autoridade sobre alguém?
- porta objetos ou dinheiro sem justificar sua origem?.

Portanto, os pais devem ficar atentos a esses indícios, como também devem observar melhor o comportamento do filho e, em caso de suspeita, buscar auxílio de especialistas.

De acordo com a American Academy of Child and Adolescent Psychiatry, os pais devem estimular constantemente o filho a contar o que lhe ocorre na escola, de maneira franca e aberta. Entretanto, não devem tomar nenhuma iniciativa contra o agressor, a não ser comunicar o fato à direção escolar e exigir que busquem informações sobre os programas que estão sendo desenvolvidos em outras escolas e comunidades para se combater o *bullying*. Os pais não devem estimular o filho a revidar os ataques. Ao invés disso, devem sugerir que ele evite o agressor ou busque a ajuda do professor, do treinador ou de outro adulto que saiba como agir nesses casos[15].

Entretanto, quando os pais buscam auxílio na escola e esta não responde adequadamente, a solução será procurar o Conselho Tutelar, que, de acordo com o Estatuto da Criança e do Adolescente em seu artigo 232, prevê pena para quem "submeter criança ou adolescente sob sua autoridade, guarda ou vigilância a vexame ou a constrangimento"[16]. No caso de o crime ser cometido por criança menor de 12 anos, o Conselho Tutelar tem a função de chamar a atenção dos pais e da criança. Se o autor for maior de 12 anos, o caso poderá ser levado à Justiça, e o juiz determinará se a punição consistirá em advertência ou em prestação de serviços à comunidade. Se, porém, o crime for praticado por um adulto, a pena prevista é de seis meses a dois anos de detenção.

Conseqüências do *bullying*

As conseqüências da conduta *bullying* afetam todos os envolvidos e em todos os níveis, porém especialmente a vítima, que pode continuar a sofrer seus efeitos negativos muito além do período escolar. Pode trazer prejuízos em suas relações de trabalho, em sua futura constituição familiar e criação de filhos, além de acarretar prejuízos para a sua saúde física e mental.

A superação dos traumas causados pelo fenômeno poderá ou não ocorrer, dependendo das características individuais de cada vítima, bem como da sua habilidade de se relacionar consigo mesma, com o meio social e, sobretudo, com a sua família. A não-superação do trauma poderá desencadear processos prejudiciais ao seu desenvolvimento psíquico, uma vez que a experiência traumatizante orientará inconscientemente o seu comportamento, mais para evitar novos traumas do que para buscar sua auto-superação. Isso afetará o seu comportamento e a construção dos seus pensamentos e de sua inteligência, gerando sentimentos negativos e pensamentos de vingança, baixa auto-estima, dificuldades de aprendizagem, queda do rendimento escolar, podendo desenvolver transtornos mentais e psicopatologias graves, além de sintomatologia e doenças de fundo psicossomático, transformando-a em um adulto com dificuldades de relacionamentos e com outros graves problemas. Poderá também desenvolver comportamentos agressivos ou depressivos e, ainda, sofrer ou praticar *bullying* no seu local de trabalho, em fases posteriores da vida[17].

Em estudos longitudinais, Olweus[18] observou um grupo de adolescentes, com idades entre 13 e 16 anos, que haviam sido vítimas do fenômeno. O referido estudo evidenciou a probabilidade de que um grande número desses alunos venha a se tornar depressivo, aos 23 anos, como conseqüência da perda da auto-estima.

Ainda de acordo com a American Academy of Child and Adolescent Psychiatry, as vítimas do *bullying* experimentam um sofrimento real que pode interferir no seu rendimento escolar, bem como no seu desenvolvimento social e emocional. Em casos extremos, algumas vítimas preferem suicidar-se a continuar agüentando tal perseguição e castigo.

Dependendo da intensidade do sofrimento vivido em conseqüência do *bullying*, a vítima poderá desenvolver reações intrapsíquicas, com sintomatologias de natureza psicossomática: enurese, taquicardia, sudorese, insônia, cefaléia, dor epigástrica, bloqueio dos pensamentos e do raciocínio, ansiedade, estresse e depressão, pensamentos de vingança e de suicídio, bem como reações extrapsíquicas, expressas por agressividade, impulsividade, hiperatividade e abuso de substâncias químicas.

Na infância, o *bullying* pode desencadear na vítima uma condição psiquiátrica caracterizada por explosões de cólera e episódios transitórios de paranóia ou psicose, conhecida como Borderline Personality Disorder [transtorno de personalidade limítrofe], alterando o desenvolvimento dos sistemas límbicos. Tais alterações comprometem a regulagem da emoção e da memória pelo hipocampo e pela amígdala, localizada abaixo do córtex no lobo temporal. Esses distúrbios, infelizmente, são irreversíveis no desenvolvimento da criança[19].

Enquanto a vítima sofre das mais variadas formas, acarretando outras conseqüências pessoais, prejudiciais a si mesma, cujos desdobramentos podem afetá-la durante toda a sua vida, o agressor experimenta a sensação de consolidação de suas condutas autoritárias (mesmo sem imaginar que esse resultado será prejudicial aos seus futuros familiares), tendo, como resultados previstos: o distanciamento e a falta de adaptação aos objetivos escolares, a supervalorização da violência como forma de obtenção de poder, o desenvolvimento de habilidades para futuras condutas delituosas – caminho que pode conduzi-lo ao mundo do crime –, além da projeção dessas condutas violentas na vida adulta, tornando-se pessoa de difícil convivência nas mais diversas áreas da vida: pessoal, profissional e social.

O agressor (de ambos os sexos) envolvido no fenômeno estará propenso a adotar comportamentos delinqüentes, tais como: agregação a grupos delinqüentes, agressão sem motivo aparente, uso de drogas, porte ilegal de armas, furtos, indiferença à realidade que o cerca, crença de que deve levar vantagem em tudo, crença de que é impondo-se com violência que conseguirá obter o que quer na vida... afinal foi assim nos anos escolares.

Segundo estudos realizados pelo professor Olweus[20], é grande a relação entre o *bullying* e a criminalidade. Acompanhando o desenvolvimento de um grupo de alunos, com idades compreendidas entre 12 e 16 anos, que foram identificados como agressores no fenômeno *bullying*, o pesquisador constatou que a 60% deles havia sido imputada uma condenação legal antes que completassem 24 anos de idade. Os demais alunos, na sua grande maioria, mesmo não se envolvendo diretamente em tal comportamento, acabavam sofrendo suas conseqüências, uma vez que o direito que tinham a uma escola segura, solidária e saudável foi se esvaindo à medida que o *bullying* foi deteriorando as suas relações interpessoais, acarretando prejuízos ao seu desenvolvimento socioeducacional.

O fenômeno *bullying* passou a ser considerado como um problema de saúde pública, devendo ser reconhecido pelos profissionais de saúde em razão dos danos físico-emocionais sofridos por aqueles que estão envolvidos nele.

Alguns programas *antibullying*

Nas últimas décadas, o *bullying* vem sendo tema de preocupação e interesse no meio educacional e social em todo o mundo, motivo pelo qual inúmeros estudos e publicações encontram-se à disposição, além de páginas na *web*, *chats* e linhas telefônicas para esclarecer dúvidas e receber denúncias.

Especialistas e educadores de todo o mundo, com o apoio de instituições públicas e privadas, têm proposto às autoridades educacionais a criação de programas especiais de combate e prevenção ao *bullying* nas escolas. Diversas pesquisas e programas de intervenção *antibullying* vêm se desenvolvendo na Europa e na América do Norte, visando principalmente conscientizar toda a comunidade escolar sobre o fenômeno e sensibilizá-la sobre a importância do apoio às vítimas, buscando encaminhá-las para tratamentos clínicos, encorajá-las à denúncia, além de fazer com que se sintam protegidas.

Seguem abaixo alguns desses programas que vêm sendo desenvolvidos nos mais diversos países[21].

- **Espanha:** nos últimos dez anos, algumas universidades espanholas, com o incentivo do Ministério de Educação e Ciência, vêm desenvolvendo investigações e iniciativas de prevenção ao *bullying* por meio de campanhas e programas, dentre os quais destacamos o Sevilha contra a Violência Escolar (SAVE), criado em 1996 pela Universidade de Sevilha e coordenado pela catedrática Rosario Ortega Ruiz. Ele tem como objetivo desenvolver a educação de sentimentos e valores e a melhora da convivência e das relações interpessoais. A equipe da professora Ortega elaborou um pacote didático denominado "Convivência escolar: o que é e como abordá-la", que é distribuído em todas as escolas públicas de Andaluzia, região do sul da Espanha.

- **Inglaterra:** na Inglaterra, inúmeros projetos estão sendo desenvolvidos. Entre eles, o mais importante, inspirado na campanha de intervenção norueguesa realizada na década de 1980, é o Projeto contra o *Bullying*, em Sheffield, coordenado por Peter Smith e sua equipe, no período de 1991 a 1993.

  O projeto contou com a participação de 16 escolas de educação primária e 7 escolas de educação secundária, cujos estudos e resultados obtidos se transformaram no material informativo "Don't Suffer in Silence" (Não sofra em silêncio). Além desse, estão sendo desenvolvidos outros projetos que têm, como linha de atuação contra o *bullying*, métodos que incentivam o apoio e a participação dos próprios alunos, que são preparados, orientados e supervisionados pelos adultos.

Outro programa é The Role of Peer Support Against School *Bullying* (De espectadores a solidários - a função de apoio por parte dos companheiros contra a intimidação na escola), coordenado pela professora Helen Cowie. O programa inclui o estímulo à amizade e prepara alunos solidários para a mediação e a solução de conflitos. Inclui também sistemas baseados em enfoques psicopedagógicos, em que os alunos envolvidos são treinados para ouvir de maneira ativa, desenvolvendo habilidades preventivas tais como: respeito, segurança pessoal (elevação da auto-estima) e liderança.

Podemos fazer referência a mais alguns programas: o Childline, que coloca à disposição um telefone de ajuda para crianças envolvidas em *bullying;* o Kidscape, programa que produz material específico sobre o *bullying,* visando à segurança das crianças; e o Police Research Group (Grupo de Investigação Policial), baseado no Home Office que, em 1996, avaliou as intervenções desenvolvidas em duas escolas de Londres e Liverpool, resultando na publicação do *Preventing School Bullying: Things You Can Do* (Prevenção do *bullying* escolar: o que se pode fazer) e na promoção de várias conferências sobre o tema.

- **Irlanda:** em 1993, foi realizada a Primeira Conferência Nacional sobre o *Bullying*, organizada por Vivette O'Donnell, quando foi lançado o Programa Educativo da Companhia de Teatro Sticks and Stones, visando aumentar a conscientização do fenômeno por meio de representações teatrais que encenam as mais típicas formas de condutas *bullying* na sala de aula, no pátio ou no caminho para a escola. A representação mostra cenas com movimentos, mímicas, músicas e danças, objetivando auxiliar as escolas a enfrentarem o problema de forma efetiva.

Em 1996, um estudo financiado pela Calouste Gulbenkian Foundation e pelo Departamento de Educação da Irlanda divulgou o índice de *bullying* nas escolas da Irlanda, fato que despertou a atenção das autoridades educacionais para a necessidade de desenvolverem algumas diretrizes de intervenção para responderem aos desafios provocados pelo fenômeno nas suas escolas. Nesse mesmo ano foi realizada a Primeira Conferência Internacional sobre o *Bullying*, no Trinity College, organizada pela Dra. Mona O'Moore, quando foram apresentados os resultados dos estudos realizados em âmbito nacional. Com o objetivo de promover a conscientização do fenômeno e preveni-lo, foi criada no Centro de Investigação e Assessoria do *Bullying*, do Trinity College, uma Unidade de Recursos e Investigação, sob a coordenação da mesma Dra. Mona O'Moore. O centro oferece informações, assessoria e orientações psicopedagógicas, além de materiais didáticos para pais, escolas e organizações que se propuserem enfrentar o fenômeno. Oferece, ainda, cursos de capacitação e desenvolvimento, conferências e oficinas para alunos, pais, professores e adultos nos seus locais de trabalho, além de biblioteca para consultas.

O Programa Estar a Salvo foi desenvolvido nas escolas de ensino primário, secundário e superior, respectivamente, além de promover cursos de capacitação para professores, com um componente educacional para os pais. O objetivo do programa é a prevenção de maus-tratos, por meio de estratégias que preparam pais e professores para o desenvolvimento de atitudes necessárias, visando à proteção das crianças. Além disso, o programa ensina às crianças técnicas de segurança pessoal no contexto das aulas e, posteriormente, essas técnicas são reafirmadas em discussões com seus pais.

O Programa Childline é um serviço da Sociedade Irlandesa para a Prevenção da Crueldade nas Crianças (ISPCC), oferecido a qualquer criança que tenha problemas ou que se encontre em perigo. Via telefone, a criança pode, anonimamente, comunicar-se com um conselheiro voluntário para orientar-se ou denunciar os maus-tratos sofridos. O serviço não atua sem o consentimento da criança.

- **Grécia:** uma das organizações educacionais mais importantes da Grécia é o Colégio Moraitis. Coordenado por Maria Doanidou y Fofini Xenakis, o Departamento de Orientação Psicopedagógica desenvolveu um programa completo para fazer frente ao *bullying* após verificar que as condutas incidiam repetidamente sobre os alunos durante os últimos trimestres, apresentando um índice de 18,5% a 23% de envolvidos. Os tipos mais comuns eram os maus-tratos verbais (insultos e provocações) e os maus-tratos indiretos (exclusão e rumores), coincidindo com o fato de que as vítimas não haviam comentado seus problemas com ninguém, nem no colégio, nem em casa. Dessa forma, iniciaram o programa através de algumas estratégias específicas como: conscientização; esforços para mudar as atitudes de todos os integrantes da comunidade escolar, especialmente as dos agressores, por meio de debates em classe; orientação psicopedagógica individual e coletiva; reforços e sanções, quando necessário.

- **Portugal:** vários projetos de intervenção estão sendo desenvolvidos nas escolas portuguesas por meio do programa europeu Training and Mobility for Research (TMR).

  Na cidade de Braga, os próprios alunos criaram a Liga dos Alunos Amigos (LAA), um programa pioneiro objetivando evitar as agressões entre colegas e combater os conflitos entre escolares. O programa de intervenção, baseado na premissa de "agir no local do crime", atua em três vertentes: na formação de diretores de turma que recebem treinamento para ajudar e prevenir situações de agressão na criação de um grupo de mediadores de conflitos e de uma rede socioemocional com o envolvimento dos próprios alunos. Para fazerem parte da LAA, os alunos são escolhidos pelos próprios colegas, de acordo com alguns critérios: precisam ser bons amigos, saber guardar segredos e escutar e respeitar as idéias dos outros. Esse grupo, constituído pela maioria feminina, recebe formação prática para melhorar competências de comunicação e de ajuda aos colegas. A avaliação do programa demonstra que a comunidade escolar apóia a atuação da LAA: 75% pensam que ela representa um bom exemplo para a escola e 60% admitem que ela ajuda a diminuir as situações de agressão.

Um outro programa que vem sendo desenvolvido é o Scan Bullying, ou seja, os maus-tratos em *cartoons*. Segundo Ana Almeida, do Instituto da Criança de Minho, para ter bons resultados é necessário atuar a partir da compreensão que as próprias crianças têm da problemática e identificar os estados emocionais das vítimas, dos agressores e dos colegas; dessa forma, é possível desenvolver programas de intervenção com eficácia. O trabalho tem, como ponto de partida, uma história típica de maus-tratos numa escola, desenhada em *cartoons* pela artista gráfica Vera Velez, que retratam toda uma sucessão de episódios: exclusão, ameaça, gozação, coerção e agressão. A narrativa foi construída com base em trabalhos científicos que já tratavam a questão. A história é contada nas entrevistas individuais, com alunos de 9, 11 e 13 anos de escolas de Braga e Madri. Com suas próprias palavras, definem os papéis da vítima e do agressor, motivações, emoções e explicações para os atos.

- **Finlândia:** nos últimos anos, a educação finlandesa vem sendo revisada na sua totalidade. Segundo um novo projeto de lei sobre a educação, todo aluno tem o direito de aprender em um local seguro. Isso significa que a escola tem a obrigação de intervir imediatamente quando se produzem maus-tratos, assim como tomar medidas cabíveis para aliviar o problema.
O Ministério de Educação adotou o *bullying* nas escolas como tema prioritário do Projeto Uma Confiança Sadia em Si Mesmo. O projeto visa fortalecer a imagem que os alunos têm de si mesmos, além de oferecer seminários especializados em recursos pedagógicos na prevenção do *bullying*, bem como na publicação de materiais educativos que tratem das relações humanas.
O Conselho Educativo Nacional está promovendo o bem-estar dos alunos por meio de métodos pedagógicos. Tem realizado pesquisas que analisam o grau de satisfação dos alunos dentro das escolas e as formas de prevenir a intimidação, e elaborado projetos que focalizam a segurança educacional básica, a educação social e a capacitação das escolas, para poderem enfrentar a crise, gerando assim escolas sem violência. Visam inclusive à prevenção das expulsões, propõem diretrizes para ensinar boas atitudes, fornecem material pedagógico e promovem cursos de capacitação de professores.
Em 1993, o Ministério de Educação da Finlândia criou um comitê para informar as escolas sobre o *bullying* e apresentar propostas de medidas preventivas. Tais medidas iniciaram-se com modelos simples de ações básicas que, via internet, eram enviadas às escolas, seguidas de projetos e programas que visavam à prevenção e à intervenção nos casos de intimidação. Dentre eles destacamos o projeto do Departamento de Educação da Cidade de Helsinki, denominado Escola Segura e Compreensiva, desenvolvido na Finlândia, Suécia, Reino Uni-

do e Países Baixos, cujo objetivo principal era elaborar uma definição comum do significado da intimidação na escola e estudar o índice de intimidações em diversas culturas.

- **Noruega:** o Ministério de Educação da Noruega criou, em 1996, o Norwegian Program of Preventing and Managing Bullying in Schools (Programa Norueguês de Prevenção e Controle do *Bullying* nas Escolas), desenvolvido pelo College of Stavanger e coordenado por Erling Roland.
Comparado com o programa desenvolvido em escala nacional, em 1983, por Dan Olweus, o novo programa contava com a participação do Conselho de Estudantes. Os representantes trabalham para impedir o *bullying*, em cooperação com a direção escolar e com a associação de pais. Foi criada uma rede de profissionais que ministravam cursos para professores e pais, ajudavam as escolas a estabelecerem planos de prevenção e eliminação do *bullying*, além de ajudar o Conselho de Estudantes. As metas principais do programa centravam-se na continuidade (importância de repetir o programa nos próximos anos), no trabalho conjunto e na integração a outras atividades, consolidando-as por meio de seminários e da rede de profissionais.

- **Holanda:** estudos desenvolvidos nas escolas holandesas, em 1992, indicaram que um a cada 4 alunos da escola primária e um a cada 12 alunos da escola secundária eram vítimas do fenômeno. Diante desses resultados, a organização nacional de pais (composta de quatro associações) desenvolveu uma campanha nacional estruturada sobre algumas estratégias, visando garantir a segurança dos filhos na escola. Coordenada por Rob Limper, a campanha era direcionada a todos os pais, professores, alunos e funcionários dos estabelecimentos de ensino, visando enfrentar o problema mediante um esforço cooperativo que contribuísse para a felicidade e bem-estar e que estimulasse novas perspectivas de futuro para as crianças.

O referido programa encontra-se disponível para outros países. A organização de pais da Itália, Áustria, Bélgica, Dinamarca e Noruega disse sim a esse programa, assinando o Protocolo de Educação Nacional contra o *Bullying*. A organização acredita que a única forma de combatê-lo está na cooperação entre todos os envolvidos.

- **Brasil:** no Brasil, o tema *violência* tornou-se prioridade de todas as escolas, motivo pelo qual inúmeros projetos e programas estão sendo desenvolvidos, visando à diminuição da violência escolar, com ênfase específica na violência explícita. Entretanto são escassas as notícias que temos sobre o desenvolvimento de programas educacionais que incluam o combate e a prevenção do fenômeno *bullying* em nossas escolas.

  Nesse sentido, na cidade do Rio de Janeiro, a Abrapia, entre 2002 e 2003, em parceria com a Petrobrás Social, desenvolveu em um conjunto de 11 escolas o Programa de Redução do Comportamento Agressivo entre Estudantes. Seu objetivo era diagnosticar as situações de *bullying* entre os alunos de 5ª a 8ª séries participantes do programa, traçando os indicadores de prevalência e identificando os tipos mais comuns de maus-tratos, os locais de maior incidência e suas repercussões sobre a comunidade escolar, além de avaliação da eficácia dos recursos de proteção utilizados.

  Segundo a Abrapia, a implantação de um programa para prevenir e reduzir o *bullying* deveria ser embasada em três premissas essenciais, para a obtenção de resultados positivos:

  - não existem soluções simples para a resolução do *bullying*; o fenômeno é complexo e variável;

- cada escola desenvolveria suas próprias estratégias e estabeleceria suas prioridades no combate ao *bullying*;
- a única forma de obtenção de sucesso na redução do *bullying* é a cooperação de todos os envolvidos: alunos professores, gestores e pais.

Dessa forma, as escolas integrantes do grupo, de modo independente, traçaram suas estratégias e planos, resultando em diversas formas de ação, que iam desde a abordagem feita aos alunos pelos professores em salas de aulas até a participação ativa destes em atividades práticas. Em algumas escolas o tema foi trabalhado de maneira específica, enquanto em outras ele foi inserido em outros contextos mais amplos como a paz, o amor e a amizade.

Citamos também o Programa Educar para a Paz, que foi pioneiro em nosso país, resultando na redução significativa do comportamento *bullying* entre os escolares com quem trabalhamos. Esse programa por nós idealizado, desenvolvido e implantado em uma escola da rede pública de ensino de São José do Rio Preto, é composto de estratégias psicopedagógicas e socioeducacionais que visam à intervenção e à prevenção da violência nas escolas, com enfoque específico na redução do fenômeno *bullying* entre os escolares. Sua receptividade foi envolvente e sua execução, seguida das adaptações necessárias, transformou-se em um modelo viável, flexível, de fácil assimilação por parte da comunidade escolar comprometida no seu processo de implantação, que pode ser adaptado e executado por várias escolas. No próximo capítulo abordaremos o referido programa.

CAPÍTULO II

ESTRATÉGIAS DE INTERVENÇÃO E PREVENÇÃO PROGRAMA EDUCAR PARA A PAZ

> "A intolerância, a ausência de parâmetros que orientem a convivência pacífica e a falta de habilidade para resolver os conflitos são algumas das principais dificuldades detectadas no ambiente escolar. Atualmente, a matéria mais difícil da escola não é a matemática ou a biologia; a convivência, para muitos alunos e de todas as séries, talvez seja a matéria mais difícil de ser aprendida."
>
> CLEO FANTE

Para que se possam desenvolver estratégias de intervenção e prevenção ao *bullying* em uma determinada escola, é necessário que a comunidade escolar esteja consciente da existência do fenômeno e, sobretudo, das conseqüências advindas desse tipo de comportamento.

A conscientização e a aceitação de que o *bullying* é um fenômeno que ocorre, com maior ou menor incidência, em todas as escolas de todo o mundo, independentemente das características culturais, econômicas e sociais dos alunos, e que deve ser encarado como fonte geradora de inúmeras outras formas de violências são fatores decisivos para iniciativas bem-sucedidas no combate à violência entre escolares.

Dessa forma, sensibilizar e envolver toda a comunidade escolar na luta pela redução do comportamento *bullying* torna-se tarefa imprescindível, uma vez que o fenômeno é complexo e de difícil identificação, principalmente por manifestar-se de maneira sutil e velada e por garantir sua propagação através da imposição da lei do silêncio.

Bem sabemos que nem todos os conflitos sociais ou interpessoais, mesmo quando se adotam comportamentos agressivos, conduzem à violência e à vitimização. Muitas vezes, para nós, adultos, certas brincadeiras entre pares têm significado violento. Outras vezes, a expressão da agressividade é recíproca e não se consegue identificar quem é vítima e quem é agressor. Acreditamos, portanto, que a prevenção ao *bullying* deve começar pela capacitação dos profissionais de educação, a fim de que saibam identificar, distinguir e diagnosticar o fenômeno, bem como conhecer as respectivas estratégias de intervenção e de prevenção hoje disponíveis.

Inúmeras iniciativas *antibullying* vêm sendo desenvolvidas nas mais diversas partes do mundo, visando sempre à melhoria da competência dos profissionais e da capacidade de interação social nas relações interpessoais, além da estimulação de comportamentos positivos, cooperativos e solidários. Tais iniciativas vêem as escolas como sistemas dinâmicos e complexos, possuidoras de suas próprias peculiaridades, devendo-se respeitar as características culturais e sociais de seus componentes. Assim, cada escola possui sua realidade e a partir dela é que se devem desenvolver estratégias e ações cotidianas e contínuas. Dessa forma, todas as iniciativas escolares empreendidas têm, como ponto comum, a idéia de que a violência pode ser evitada e, conseqüentemente, minimizado o seu impacto.

Baseada nessa premissa, durante as últimas décadas, uma grande parte da reflexão pedagógica centrou-se na temática dos valores humanos – a ética, a moral e a cidadania –, visando à redução da violência. Tradicionalmente, considerava-se que os valores estavam implícitos na tarefa educativa e acreditava-se que os professores, ao transmitirem os conteúdos das diferentes matérias, formavam novos valores. Assim, os "temas transversais" seriam a oportunidade ideal para se educar em valores; entretanto, os problemas metodológicos que os professores enfrentam para trabalhá-los acabam inviabilizando a tarefa por não saberem como abordá-los no cotidiano, resultando na deficiência de modelos educativos capazes de sensibilizar, estimular e orientar as atitudes individuais ou coletivas dos alunos.

Bem sabemos da profunda crise que afeta toda a nossa sociedade, tendo como determinantes inúmeros fatores que, embora de extrema importância, não serão tratados neste capítulo. Entretanto consideramos que os valores que indiscutivelmente nossa sociedade mais clama de nós, com urgência, são a tolerância e a solidariedade. Os documentos da ONU reafirmam freqüentemente que a tolerância e a solidariedade são elementos essenciais para a construção da paz. Nesse sentido, se a violência é um comportamento que se aprende nas interações sociais, também existem maneiras de ensinar comportamentos não violentos para que se possa lidar com as frustrações e com a raiva, e ensinar habilidades para que os conflitos interpessoais possam ser solucionados por meios pacíficos. Portanto, a violência pode ser desaprendida[1] e a tolerância e a solidariedade ensinadas.

Ensinar a criança desde a mais tenra idade a desenvolver essas atitudes é medida que a auxiliará a conviver pacificamente e a reconstruir um mundo melhor. Portanto, a escola deve estimular o ensino e o desenvolvimento de atitudes que valorizem a prática da tolerância e da solidariedade entre os alunos. O diálogo, o respeito e as relações de cooperação precisam ser valorizados e assumidos por todos os envolvidos no processo educacional.

Dessa forma, considerando-se a necessidade de oferecermos opções de modelos educativos norteadores de ações proativas, baseadas em valores e atitudes que combatam essa violência, elaboramos uma proposta psicopedagógica de intervenção e prevenção do fenômeno *bullying*, de fácil adaptação às diversas realidades escolares, por nós denominado de Programa Educar para a Paz.

Programa Educar para a Paz

A elaboração desse programa – fruto de anos de experiência no magistério e de exaustivas pesquisas no campo da educação – tem como objetivo possibilitar, aos responsáveis pelo desenvolvimento socioeducacional, a conscientização e a identificação do fenômeno por meio de sua caracterização específica; o diagnóstico do fenômeno por meio do conhecimento da realidade escolar, obtido pelos instrumentos de investigação utilizados; e as estratégias psicopedagógicas de intervenção e prevenção, de fácil aplicabilidade entre os alunos, que podem ser adaptadas conforme as necessidades de cada escola.

Filosoficamente, adotamos como sustentáculos do programa os valores humanos da tolerância e da solidariedade, a fim de que os alunos nele envolvidos desenvolvam habilidades para resolver seus conflitos domésticos de maneira não-violenta. Assim, aprendem na escola para ensinar em suas casas.

Os objetivos propostos pelo Programa Educar para a Paz são os seguintes:

- que os alunos sejam conscientizados do fenômeno e suas conseqüências, a partir da análise das próprias experiências vivenciadas no cotidiano, a fim de que percebam quais os pensamentos e as emoções despertadas por ele, bem como os motivos norteadores desse tipo de conduta;
- que os alunos, por meio da interiorização de valores humanos, desenvolvam a capacidade de empatia, a fim de que percebam

as implicações e os sofrimentos gerados por esse tipo de comportamento e desenvolvam habilidades para sua erradicação;
- que os alunos se comprometam com o bem-comum e se tornem agentes de transformação da violência na construção de uma realidade de paz nas escolas.

A seguir, apresentamos o esquema psicodinâmico do Programa Educar para a Paz, seguido das etapas do seu desenvolvimento e dos passos necessários para sua implantação.

Etapa A - Conhecimento da realidade escolar
Primeiro passo: conscientização e compromisso
- reflexões sobre as diversas formas de violência escolar
- escolha da comissão e do coordenador do programa
- escolha do tutor

Segundo passo: investigação da realidade escolar
- investigação (observações, anotações e aplicação de instrumentos)
- divulgação dos indicadores e confecção de material explicativo
- jornada sobre violência e apresentação do diagnóstico escolar

Etapa B - Modificação da realidade escolar
Primeiro passo: adoção de estratégias de intervenção e prevenção
- estratégias gerais
  - medidas de supervisão e observação: os alunos solidários
  - serviço de denúncia
  - encontros semanais para avaliação
- estratégias individuais
  - redação: "Minha vida escolar" e "Minha vida familiar"
  - entrevista pessoal e em grupo com vítimas e agressores
- estratégias em sala de aula
  - estatuto contra o *bullying*
  - desenvolvimento das estratégias

- projetos solidários
- investigações semanais
- estratégias familiares
  - encontros de pais e tutores
  - orientações sobre convivência familiar
  - grupo de pais solidários

Segundo passo: novo diagnóstico da realidade escolar

- investigação da nova realidade escolar
- apresentação do diagnóstico à comunidade educativa
- revisão e manutenção do programa

Etapa A - Conhecimento da realidade escolar

Primeiro passo: conscientização e compromisso - Freqüentemente, a comunidade escolar, em especial os profissionais de educação, toma consciência dos problemas da violência e de sua gravidade quando estes já alcançaram altos níveis de incidência e de periculosidade. Isso acontece porque os programas educativos centram-se mais nos conteúdos do que nos procedimentos e, especialmente, nas matérias chamadas instrumentais e não nos conteúdos transversais ou de formação pessoal e social.

O ideal é que todas as escolas tomem a iniciativa de prevenir a violência antes que ela se instale em seu meio e inviabilize o processo educativo, chegando ao ponto de não conseguir resolver, de um modo geral, as questões ligadas principalmente aos conflitos interpessoais, geradores da violência. Para tanto, a escola deveria ser um espaço democrático no qual o ensino se estendesse para além da instrução, a convivência fosse tratada de maneira democrática e os valores humanísticos fossem transmitidos pela educação dos sentimentos e das emoções.

As escolas deveriam educar a emoção dos seus alunos, estimulando-os a pensarem antes de reagir; a lidarem com seus medos, angústias, rejeições, fracassos e frustrações; a canalizarem sua agressividade para atividades proativas; enfim, a "não terem medo do medo, a serem líderes de si mesmos, autores de suas próprias histórias"[2].

Conhecer a realidade da escola – conscientização – e assumir o compromisso de intervir nos problemas – comprometimento – são os dois passos decisivos para começar a abordar a questão da violência em uma escola: primeiro, portanto, a conscientização, e segundo, o compromisso. O envolvimento de todo o pessoal da escola, dos familiares e da comunidade em que a escola está inserida é essencial para a obtenção de resultados positivos. Todos devem reconhecer que a responsabilidade de controlar, dentro do possível, o que se passa entre as crianças e os jovens em uma escola também é sua. Uma forma de exercer essa responsabilidade é o compromisso e a ação.

Reflexões sobre as diversas formas de violência escolar - Antes de qualquer coisa, porém, é importante que os profissionais de educação façam a seguinte reflexão sobre a questão da violência, o que os conscientizará do compromisso e das decisões que deverão tomar, inclusive em relação ao fenômeno *bullying*: "Diante das cenas de violência, que têm como palco todas as escolas do mundo, qual é o papel que nos cabe desempenhar como educadores?"

- Acreditar que nada podemos fazer e cruzar os braços, comodamente, esperando soluções dos órgãos superiores?
- Permanecer cada vez mais inseguros e fingir que essa é uma questão que não nos cabe resolver?
- Acreditar que não podemos mudar o mundo, enquanto o alto grau de insegurança para a nossa família, para os nossos alunos e para a sociedade em geral se mostra cada vez mais assustador?

- Ou, ao contrário, buscar coragem para enfrentar os problemas e participar ativamente de programas que possam transformar o cenário violento das escolas num cenário de paz?
- Se conseguirmos resultados em nossa comunidade escolar, já não será um grande feito?
- Será que não podemos nos tornar um pólo irradiador de ações, atitudes e valores capazes de aumentar o âmbito da prevalência do amor sobre o ódio, da compreensão, da fraternidade e da tolerância sobre todo e qualquer tipo de violência?
- Será que a educação não é o caminho que podemos utilizar para transformar uma sociedade agressiva e violenta em uma sociedade mais justa, mais solidária e mais feliz?

Tais questionamentos deverão propiciar aos profissionais de educação outras reflexões, bem mais profundas, para repensar também suas próprias atitudes:

- Será que as atitudes de alguns profissionais de educação ante um conflito poderão ser adotadas, como exemplos, pelos alunos?
- Será que a atitude autoritária ou agressiva do próprio profissional não está contribuindo para que os alunos exerçam tal autoridade ou agressividade sobre seus companheiros de escola?
- Será que os profissionais educadores possuem habilidades para relacionar-se com seus alunos?
- Como anda o relacionamento desses profissionais com os alunos?

Refletir sobre o nosso desempenho profissional e, principalmente, sobre as nossas atitudes em relação aos alunos-clientes é fundamental para que possamos redirecionar nossas ações pedagógicas no combate às diversas formas de violência que se desencadeiam em nossas salas de aulas. É de suma importância nos conscientizarmos de que o problema da violência existe em todas as escolas, em menor ou maior grau de intensidade. Essa conscientização não pode ser superficial e baseada na velha máxima que diz: "Na classe da professora 'Tal' há casos de violência, na minha não"; deve, sim, ser realista e aceitar que a violência, em especial a velada, se instala sorrateiramente, trazendo uma série de conseqüências destrutivas para o ambiente escolar. Dessa forma, além da conscientização, devemos adotar uma postura não-violenta em nossas atitudes, o que beneficiará não somente os envolvidos, mas toda a comunidade escolar.

Somente a partir da conscientização das diversas formas sob as quais se apresenta a violência na escola é que os profissionais de educação deveriam ser treinados a interpretar, diagnosticar e diferenciar o *bullying* das "brincadeiras próprias da idade".

Escolha da comissão e do coordenador do programa - Antes de passar para o segundo passo – investigação da realidade escolar –, é imprescindível constituir uma equipe ou comissão para assegurar a continuidade do programa, a persistência nos esforços contra o *bullying*. Essa equipe deverá ser formada pelos mais diversos membros da comunidade: diretor ou vice-diretor; coordenadores; representantes dos professores, dos funcionários, dos alunos, dos pais e de alguns profissionais que prestam serviços à escola, como dentista, psicólogo, terapeuta e assistente social. Poderão ainda integrar a comissão outros convidados especiais da comunidade, como advogados, médicos, vereadores. Seu objetivo primordial é constituir uma equipe de apoio aos envolvidos, avaliar o progresso do programa e resolver os problemas que possam surgir.

Escolha do tutor - Constituída a comissão, deve-se então efetuar a escolha do professor-tutor de classe. Figura indispensável, ao tutor cabe o desempenho de papéis de grande importância no Programa Educar para a Paz, entre os quais o de auxiliar os alunos a conviverem de forma harmoniosa e solidária, propiciando um clima escolar de qualidade e não-violência.

O professor-tutor deverá ser indicado pelo grupo-classe ou conforme critérios estabelecidos pelo coordenador do programa. Recomendamos que o encontro entre o tutor e o grupo-classe aconteça, no mínimo, uma vez por semana. No ensino infantil e de 1ª a 4ª séries, o ideal é que seja diário, uma vez que os próprios professores devem ser responsáveis por suas classes. Cada tutor procurará conhecer os problemas enfrentados por seu grupo, ou seja, quais são os alunos envolvidos em conflitos ou em outros problemas, quais são os fatores que determinam tais comportamentos... enfim, deverá obter o máximo possível de informações para identificar as dificuldades que enfrenta cada membro do grupo-classe e, então, traçar planos para poder ajudá-lo.

Segundo passo: investigação da realidade escolar - Para realizar um processo de investigação, seja qual for o assunto, um instrumento muito utilizado é o questionário. Em nosso caso, a investigação pode ser *direta*, baseada na opinião dos alunos, e *indireta*, baseada na opinião dos professores.

A metodologia utilizada para detectar o *bullying* não é diferente. Empregam-se várias formas de questionários, e estes podem ser classificados em três modalidades, segundo Cerezo[3]: os que investigam de forma geral, como o desenvolvido por Olweus[4], no qual constam 27 itens de múltipla escolha agrupados em três categorias: amizades, agressões recebidas e agressões provocadas. Seu caráter aberto, entretanto, torna a correção muito trabalhosa e, além disso, carece de um elemento-chave nesse tipo de situação: a estrutura socioafetiva do grupo. Outros questionários, de uma segunda modalidade, tratando de evitar esses inconvenientes, são demasiado concretos e é necessário realizar diferentes sessões para completar a informação. Há ainda os da terceira modalidade, aqueles que só incluem aspectos relacionais distanciando o resultado das informações.

A maioria dos questionários vem sendo adaptada, como o questionário sobre atitudes de intimidação e rechaço social entre escolares, por exemplo, que foi desenvolvido pela pesquisadora espanhola Rosario Ortega a partir do trabalho proposto por Olweus. Fernández e Ortega elaboraram o questionário sobre abusos entre companheiros, indagando sobre as situações de abuso e vitimização entre os alunos, sobre os lugares, freqüência e atitude moral, além de considerações gerais sobre a situação pessoal do aluno. Cerezo[5] elaborou o teste de avaliação da agressividade entre escolares, para alunos e professores.

Na maioria dos países, onde se realizam pesquisas sobre o fenômeno *bullying*, o instrumento de referência é o questionário sobre *bullying*: Modelo TMR (Training and Mobility of Researchers)". Esse questionário foi adaptado por Ortega, Mora-Mérchan, Lera, Singer, Smith, Pereira & Menesini, a partir do questionário original de Olweus.

Para detectarmos o fenômeno em nossos estudos, elaboramos quatro tipos de questionários, baseados em diversos autores europeus: o questionário BULL/PRO, indicado para colher a opinião dos docentes; o questionário BULL/FUNC, para colher a opinião dos demais profissionais que trabalham na escola; o questionário BULL/AL, para descobrir indicadores que mostrem quantos são e onde estão os alunos envolvidos no fenômeno; e o questionário R. F., para investigar como são os relacionamentos familiares dos alunos e sua possível influência em seus comportamentos.

Investigação (observação, anotações e aplicação de instrumentos) - Não é tarefa fácil detectar os problemas de vitimização que enfrenta um grupo-classe, especialmente os fatores que os determinam, e intervir nesse processo. Por isso, é imprescindível que o tutor, responsável pela investigação da realidade do grupo-classe que representa, utilize vários tipos de instrumentos que possibilitem aos alunos a expressão dos sentimentos que, na maioria das vezes, não são comentados com os seus pais, nem com os seus professores, nem com os companheiros de escola. Tais alunos suportam calados seus sofrimentos, angústias, frustrações e, às vezes, a vitimização.

Como primeiro instrumento de investigação, num momento inicial, o tutor deve utilizar a observação nas salas de aula. A observação permite selecionar e registrar os dados referentes ao ambiente da classe, como o aluno interage com seus companheiros de grupo e com seus professores. Permite também analisar os interesses dos alunos, suas capacidades e potencialidades, suas aquisições e aprendizagens e, sobretudo, suas dificuldades socioeducacionais.

O trabalho em grupo torna-se o elemento-chave para avaliar as relações interpessoais, porque dá ao aluno a oportunidade de escolher com quem quer relacionar-se. Geralmente, o aluno que apresenta dificuldades comportamentais não é escolhido ou aceito pela maioria do grupo. Por outro lado, esse aluno que serve de bode expiatório devido à sua debilidade, timidez e baixa auto-estima, é rechaçado pelo grupo, que encontra inúmeras desculpas para não aceitá-lo. Portanto, através da formação de grupos é que o tutor começa a identificar quais são os alunos que não são aceitos e, a partir daí, inicia-se o processo de investigação para detectar quais são os fatores que determinam o rechaço ou a exclusão.

Ainda pela observação, o tutor e o grupo-classe devem indicar o nome de alguns alunos que integrarão o grupo de alunos solidários. Para ser integrante desse grupo, é fundamental que o aluno preencha os seguintes requisitos essenciais: que se relacione bem com os seus companheiros e que as suas atitudes sejam de cooperação, tolerância e respeito, especialmente com os colegas que apresentam dificuldades de convivência. Assim, o tutor contará com a colaboração dos alunos solidários, que atuarão dentro e fora da escola, seja através do desenvolvimento de projetos solidários, seja através da concessão de apoio e segurança aos envolvidos em qualquer forma de violência. Portanto, a observação deve ser um instrumento desenvolvido por todos os professores em suas aulas, e as anotações deverão ser encaminhadas ao tutor de cada grupo-classe.

Feita a devida observação ao longo de duas ou mais semanas, os professores se reunirão para trocar informações sobre os dados obtidos e então uma nova estratégia será utilizada. Dessa vez será o questionário, instrumento importante para chegar-se a conhecer, de forma mais concreta, a freqüência, os tipos de maus-tratos e os locais onde mais incidem as condutas violentas entre os alunos, bem como as possíveis causas que os levam a desenvolver tais comportamentos.

Quando da aplicação do questionário como instrumento de investigação sobre o *bullying*, alguns princípios devem ser estabelecidos entre os professores. Para evitarem possíveis distorções interpretativas, os professores não devem oferecer explicações aos alunos, uma vez que o questionário é auto-explicativo. Além disso, ele deverá ser aplicado a todas as turmas, da 5ª série em diante, de forma simultânea, no mesmo dia e nos diversos turnos. Outro aspecto importante a ser considerado é que os questionários devem ser respondidos anônima e voluntariamente, respeitando o direito que os alunos têm de respondê-los ou não. Após a aplicação do instrumento em toda a escola, os dados deverão ser tabulados pelos tutores de classe e entregues à coordenação do programa.

Os professores de ensino infantil e até a quarta série do ensino fundamental deverão encaminhar um relatório com os nomes dos alunos que, após o período de observação, foram diagnosticados como supostas vítimas ou agressores. O coordenador concluirá a investigação (por meio de indicadores), que deverá ser apresentada à comunidade escolar durante a jornada de debates sobre a violência.

Divulgação dos indicadores e confecção de material explicativo - A divulgação dos indicadores que comprovam o índice de violência de uma determinada escola serve, primeiramente, para alertar sobre os fatos violentos que estão ocorrendo no contexto escolar e que muitas vezes passam despercebidos ou são omitidos. Em segundo lugar, visa preparar a comunidade escolar para o fato de que alguma medida tem que ser tomada e de que todos devem se comprometer com as estratégias que serão adotadas para evitar tais abusos e vitimização.

Um segundo momento, nesta fase, é a confecção de material explicativo sobre o *bullying* escolar. O material explicativo, por mais simples que seja, serve para facilitar a compreensão e possíveis identificações. Sugerimos a criação de uma cartilha para os pais, com perguntas e respostas que os auxiliem a entender o fenômeno, a identificar se os seus filhos estão envolvidos e a descobrir o que podem fazer para auxiliá-los.

Jornada sobre violência e apresentação do diagnóstico escolar - Num terceiro momento, vamos realizar uma campanha ou criar uma data especial, como o Dia de Debates sobre a violência nas escolas, por exemplo, dando ênfase ao *bullying*. O objetivo do encontro será discutir os resultados obtidos após a investigação, além da elaboração de um plano geral de ações por meio do qual serão adotadas medidas que venham a dificultar as condutas negativas dos alunos e a prevenir qualquer forma de violência.

O evento deverá contar com a participação da comunidade escolar e favorecer o comprometimento e a responsabilidade de todos no combate ao fenômeno *bullying*, especialmente dos pais, para que assumam o compromisso e a responsabilidade na tarefa de educar. É essencial a participação de outros profissionais como psicólogos, psiquiatras, pediatras, assistentes sociais e pessoas bem informadas que possam dialogar sobre as causas da agressividade e, em especial, sobre aquelas que foram constatadas nas investigações a respeito do comportamento agressivo dos alunos.

A escola deverá informar aos pais que agirá contra qualquer tipo de violência, inclusive a mais simples, sob o lema "tolerância zero para qualquer forma de violência" e deverá estimular os pais para que adotem esse mesmo lema em suas casas, assim como os professores em suas classes, enfatizando que os bons exemplos são imprescindíveis. O evento poderá ter como encerramento uma atividade marcante e de grande visibilidade como, por exemplo, uma Caminhada pela Paz nas Escolas, ou Caminhada contra a Violência Escolar, ou algum outro ato público em defesa da paz, conforme decisão da comissão do programa.

Por fim será interessante criar um calendário para agendar os próximos encontros, visando à avaliação e à manutenção das estratégias adotadas e, se necessário, algumas alterações.

Etapa B - Modificação da realidade escolar

Primeiro passo: adoção de estratégias de intervenção - Oferecer à comunidade escolar o ensejo de conhecer a sua realidade e, principalmente, propiciar condições para que essa realidade seja modificada é, sobretudo, abrir as portas para a reflexão. Isso fará com que os problemas que ocorrem em uma escola sejam humanizados, passando a ser vistos, portanto, como problemas de todos e, como tal, requerendo que todos se empenhem, se envolvam e se comprometam na busca de soluções.

Para que os problemas de violência sejam solucionados, não basta defender a vítima e punir o agressor. É necessário ir além: conhecer as causas que levam o agressor a perseguir sua vítima e as causas que permitem à vítima suportar tais agressões. Para isso, é imprescindível observar e interrogar o agressor e ganhar a sua confiança, já que ele, em muitos casos, também figura como vítima, como já dissemos, do modelo educativo a que foi ou está submetido.

Propiciar à comunidade escolar a reflexão sobre sua própria realidade é dar-lhe o direito de exercer a cidadania, a democracia e a criatividade na busca de soluções para seus próprios problemas, colocando em prática valores que devem permanecer arraigados no pensamento e no comportamento dos alunos em sua vida adulta. É, acima de tudo, uma maneira solidária de cada um fazer a sua parte e, conjuntamente, modificar o ambiente em que vive, resultando, como conseqüência, na modificação da própria sociedade.

Em consonância com as palavras do pesquisador espanhol Lluís Carreras[6], somente acontecerá uma educação para a mudança quando os valores desenvolvidos pelas crianças e pelos jovens os converterem em pessoas conscientes da realidade em que vivem, críticas e comprometidas com uma ação transformadora para uma humanidade melhor.

Estratégias gerais - O maior índice de violência, ao contrário do que se pensa, ocorre dentro da escola, principalmente nos locais onde a supervisão é deficitária ou inexistente.

Medidas de supervisão e observação - Dessa forma, melhorar a supervisão dos alunos nos espaços comuns é uma medida simples e que traz segurança ao aluno vítima de *bullying*. Para melhorar a supervisão é necessário aumentar o número de funcionários, que, na maioria das escolas públicas, costuma ser deficitário. Nesse sentido, contamos com o apoio dos alunos e formamos um grupo denominado de "alunos solidários". Os integrantes desse grupo são preparados para identificar as dificuldades existentes entre os colegas e encontrar meios que possam auxiliá-los dentro e fora da classe. Esses alunos colaboram na supervisão do recreio e na entrada e saída dos alunos, evitando-se, assim, o desenvolvimento de atitudes agressivas e intimidatórias, o que inibe a ação do agressor e dá segurança à vítima, pela facilidade de aproximação e de intimidade. Ao identificarem alguma forma de conflito entre seus iguais, os alunos solidários atuam como mediadores, ouvindo as partes envolvidas, aconselhando-as a ponderar, a ouvir a opinião do outro e usar o diálogo para a resolução do conflito. Também auxiliam o tutor no desenvolvimento de estratégias que visam à integração de alunos que apresentam alguma dificuldade de relacionamentos por serem tímidos, vitimizados, por terem necessidades especiais ou por serem novos na escola. Os alunos solidários desempenham papel de grande importância na escola, uma vez que atuam como agentes de mudanças, o que eleva, consideravelmente, sua própria auto-estima e prestígio na escola. Dessa forma, o grande desafio, para muitos alunos, é fazer parte desse precioso grupo.

Serviço de denúncia - Uma outra medida que a escola pode adotar é o disque-denúncia, ou seja, dispor de um telefone por meio do qual a vítima possa denunciar seu agressor. Pode ocorrer que as estratégias utilizadas pela escola não sejam suficientes para encorajar tais denúncias, uma vez que a vítima teme sofrer represálias. Dessa forma, alguém vinculado à escola – psicólogo, diretor, professor ou aluno solidário – poderá dedicar algumas horas por dia para atender as chamadas dos alunos ou dos pais que desejam denunciar, anonimamente, as situações que estão enfrentando. Essa pessoa deverá ser instruída a escutar e a orientar o denunciante, e a agendar um encontro com o tutor da classe para poder encontrar soluções, conjuntamente. Essa medida poderá beneficiar tanto o aluno envolvido em *bullying* quanto seus familiares, que buscam ajuda e conselhos sobre como agir ante tais fatos. Na impossibilidade desse serviço, sugerimos que os órgãos competentes tomem as devidas providências para a instalação de um telefone comum, de um 0800 ou de um endereço na internet. Uma outra sugestão bem mais simples e que poderá produzir bons resultados é a de colocar uma caixa (tipo caixa de sugestões) onde os alunos poderão deixar suas denúncias.

<u>Encontros semanais para avaliação</u> - É conveniente que o coordenador do programa faça o agendamento de reuniões para avaliação e manutenção das estratégias adotadas. Tais reuniões devem ser semanais, buscando um acordo geral sobre as novas estratégias a serem adotadas por todos, para que se possa avaliar o progresso do programa e, se necessário, fazer as devidas modificações.

Estratégias individuais - Após a obtenção de indicadores que permitem fazer um quadro da realidade da escola, apontando quantos são os alunos, qual é a porcentagem dos envolvidos em comportamentos *bullying* e onde se localizam, chega o momento de investigar quem são esses estudantes. Para detectar quem são os envolvidos, o tutor poderá desenvolver atividades tais como redações, entrevistas individuais e em grupo.

<u>Redação: "Minha vida escolar"</u> - O tutor deverá incentivar todos os alunos a narrarem como se dá a convivência com os companheiros de escola, se são maltratados ou não e, se forem, com que freqüência; quais são as formas que utilizam seus agressores; onde ocorrem tais fatos; onde está seu agressor e quais os motivos que dão origem a tais atitudes. Em suma, como é a sua vida na escola, desde que sai de casa até o seu retorno. O tutor deverá propiciar um ambiente harmonioso, utilizando músicas suaves, e estimular os alunos para serem sinceros em seus depoimentos, dizendo-lhes que esse tipo de atividade pode lhes servir como um desaba-

fo. O papel do tutor é o de encorajar o aluno para que denuncie o seu agressor. Essa forma de atividade constata a situação de sofrimento em que se encontram os alunos vítimas do *bullying* e, por conseguinte, serve de argumentação para que o professor-tutor possa começar a trabalhar com cada um deles particularmente.

Redação: "Minha vida familiar" - Para detectar as causas que podem estar contribuindo para o comportamento agressivo ou violento de um aluno, o tutor, no próximo encontro com a sua turma, deverá incentivar o grupo-classe para que analise sua convivência familiar. Desse modo, o aluno poderá contar como é a sua vida e o seu relacionamento com outras pessoas, fora do ambiente escolar. As estratégias a serem utilizadas são as mesmas da atividade anterior.

Após a aplicação dos instrumentos de investigação e de posse dos dados obtidos, já é possível identificar quais são os alunos vítimas de maus-tratos dos companheiros e quais são os agressores. Inicia-se, então, a ação direta, ou seja, a primeira dose do tratamento: a entrevista pessoal.

Entrevista pessoal - Amplamente utilizado como estratégia de ação individualizada, o método desenvolvido pelo renomado pesquisador do fenômeno de comportamentos abusivos entre os alunos, Anatole Pikas[7], é incontestável. Esse método é composto de uma série de entrevistas com alunos – agressores e vítimas –, sendo desenvolvido em três fases:

1) conversas individuais com cada aluno envolvido (de cinco a dez minutos por aluno). Inicia-se pelo líder do grupo, seguido dos outros e conclui-se com a vítima;
2) entrevista de acompanhamento com cada aluno envolvido (três a cinco minutos por aluno);

3) reunião de grupo com todos os envolvidos (meia hora aproximadamente).

O método Pikas atua dentro da estrutura social dos alunos envolvidos pelo *bullying* – vítimas, agressores e espectadores – que apóiam os agressores. Seu foco de atuação é desorganizar para depois organizar as redes sociais que a sustentam, com base em sistemas de apoio. Ou seja, é necessário separar os vínculos de dominação existentes e substituí-los por vínculos emocionais. Esse método é indicado aos psicólogos e psicopedagogos.

Baseando-nos no método Pikas, desenvolvemos um roteiro para entrevistar os alunos envolvidos no fenômeno. Recomendamos aqui alguns procedimentos que julgamos de extrema importância. No momento em que o professor retirar um aluno da classe para conversar sobre o seu comportamento, deve olhar bem nos seus olhos, demonstrando compreensão e confiança; não deve dialogar com ar de superioridade ou de autoridade, mas o aluno tem que ser levado a crer que o professor está ali como seu confidente, um amigo disposto a ajudá-lo; fazendo as devidas anotações para os próximos encontros, o professor deve falar pausadamente, não demonstrando qualquer tipo de constrangimento ou de alteração. Quando o aluno estiver respondendo, o professor deve deixá-lo falar sem interrompê-lo, mostrar interesse pelo que está expondo, balançar a cabeça afirmativamente para que ele se sinta seguro. Quando o professor obtiver as informações necessárias, deve seguir para a próxima pergunta. No caso de encontrar resistência, o que é comum, o professor repete a pergunta para o entrevistado que, geralmente, permanece em silêncio. Se persistir o silêncio, o professor o acompanha até a sala de aula e agenda outro encontro. Entretanto, se o aluno agressor negar seu envolvimento com a vítima, o professor deverá usar todas as informações que possui e conduzir, habilmente, o agressor para que ele admita sua participação. Se persistir a negação, o melhor a fazer será acompanhar o aluno de volta à sua classe e aconselhá-lo a refletir melhor sobre a pergunta. Uma nova entrevista deve, então, ser agendada. É possível que no próximo encontro surjam algumas informações. Desse modo, inicia-se a entrevista seguindo um roteiro básico, com perguntas que nortearão o entrevistador, inclusive com os alunos de ensino infantil.

Roteiro para entrevista com o agressor:

1) ...(nome do aluno), estou aqui para ajudá-lo. Gostaria muito que confiasse em mim. Tenho informações de que você está envolvido com o fulano. O que você tem a dizer sobre isso? Outra alternativa poderá ser: Gostaria de falar com você sobre... (nome da vítima). Ouvi dizer que vocês estão tendo alguns problemas de relacionamentos. O que você me diz? Ou ainda: O que você tem para me dizer sobre o seu relacionamento com fulano?
2) ...(nome do aluno), o que podemos fazer para que esse problema seja solucionado? Ou: O que você sugere ou como eu poderia ajudá-lo a resolver o problema entre você e o fulano?
3) ...(nome do aluno), você acredita que podemos utilizar alguma estratégia para solucionar esse problema? (Em caso afirmativo, ouvir com atenção a estratégia que o aluno sugere.) Você está disposto a utilizá-la? Se o agressor não consegue apontar nenhuma solução, o tutor propõe uma idéia: Gostaria de propor uma idéia (falar sobre a idéia). Qual a sua opinião? Você está disposto a utilizá-la?

Concluída a entrevista, o tutor, ou outra pessoa responsável, deverá acompanhar o agressor até a classe e iniciar a entrevista com o próximo aluno. O diálogo é o caminho para o bom êxito. É o próprio agressor que deve apontar algumas soluções que visem resolver seus problemas com a vítima. Quando o agressor não conseguir apontar soluções, o tutor poderá tentar uma aproximação entre ambos. Sugerimos colocá-los num mesmo grupo de trabalho em sala de aula ou propiciar atividades solidárias ou de lazer das quais ambos participem, porém sempre assistidos por grupos de apoio e assistência. Em todas as soluções apontadas, tanto pelo agressor como pelo próprio professor, é essencial que seja observado o seu cumprimento. Se o compromisso não for cumprido, uma nova entrevista se fará necessária para detectar quais os motivos que levaram o agressor a não cumprir o pacto estabelecido. O agressor, então, se comprometerá mais uma vez e, se novamente falhar em seu compromisso, sanções deverão ser aplicadas.

No caso da vítima típica, o entrevistador se encarregará de animá-la e dar-lhe apoio para que se sinta confiante e conte o que lhe ocorre. A reação do tutor deve ser semelhante à utilizada na entrevista com o aluno agressor: demonstrar compreensão, interesse pela exposição do aluno, ganhar sua confiança e fazer anotações.

Roteiro para entrevista com a vítima:

1) ...(nome do aluno), estou aqui para ajudá-lo. Andei refletindo sobre a redação que escreveu ("Minha vida escolar") e gostaria que falasse mais sobre ela. Quero muito que confie em mim. Ou ainda: Gostaria de falar com você sobre a sua redação. Ou poderia ser indagado da seguinte forma: Tenho percebido que você anda chateado, o que tem a me dizer?
2) ...(nome do aluno), o que podemos fazer para ajudá-lo? Ou: Você tem algum plano que poderia utilizar para que o fulano não o maltratasse mais? (Em caso afirmativo, o aluno esclarece como desenvolver seu plano, e o tutor também o auxilia, oferecendo algumas idéias para que a vítima possa se desvencilhar do seu agressor. Se o aluno tem mais amigas do que amigos, fazendo com que seja discriminado pelos meninos ou re-

ceba provocações e o taxem como "maricas", a sugestão é que procure também se relacionar com os meninos. Na impossibilidade de a vítima relacionar-se com os meninos da mesma sala, o tutor deverá utilizar toda a sua criatividade para a intervenção. Quando a vítima se esquiva, um novo encontro deverá ser agendado, enquanto o aluno reflete mais sobre a sua situação.)

3) ...(nome do aluno), você acredita que essa estratégia poderá ser a solução para o seu problema? Você terá que iniciá-la, imediatamente; está disposto? (Em caso afirmativo, o tutor deverá observar se a idéia está sendo colocada em ação. Em caso negativo, deverá buscar novas estratégias para elevar a auto-estima do aluno, para que este consiga reunir forças para sair dessa situação.)

Quando a entrevista for realizada com a vítima provocadora, o tutor deve pedir-lhe que mude seu comportamento. Segue-se o mesmo roteiro utilizado com a vítima típica e, na segunda pergunta, o próprio entrevistador propõe que ela continue sendo popular entre seus companheiros, embora deva inverter a sua maneira de agir. Entrevistador e entrevistado discutem outras formas aceitáveis de ser popular ou de exercer liderança em um grupo. O tutor sugere que a vítima provocadora lidere um grupo através de ações solidárias.

Dando continuidade ao trabalho individual, o tutor deverá iniciar, uma semana depois, as entrevistas de acompanhamento, seguindo a ordem das entrevistas da primeira fase. Mais uma vez, o aluno deve ser retirado da sala de aula e conduzido até uma sala reservada, onde possa conversar tranqüilamente, sem interrupções de outras pessoas. O professor deverá estar com as anotações da entrevista anterior e mais uma vez anotar o que o aluno diz. Assim, rapidamente, o tutor pergunta como o aluno está se sentindo e qual a sua opinião quanto ao resultado após as estratégias utilizadas no decorrer daquela semana.

Entrevista em grupo - Depois de dialogar mais uma vez com todos os alunos envolvidos, o tutor dará início à terceira etapa das entrevistas (uma semana após), ou seja, à reunião final. Primeiramente se reúne com o grupo de agressores, depois com o grupo de vítimas típicas e, por último, com as vítimas provocadoras. Nessa reunião, o tutor deverá esclarecer que os problemas de cada aluno serão considerados problemas do grupo-classe e que todos os esforços serão reunidos, conjuntamente, para a solução da violência na qual estão envolvidos aqueles alunos, tanto na sala de aula quanto fora dela. Se o agressor ou a vítima não fizer parte de um mesmo grupo-classe, seu nome deverá ser apontado para o respectivo tutor. Caso o agressor não faça parte do coletivo de alunos, o trabalho a ser realizado deverá ser com a vítima e com a sua família, orientando-as quanto às estratégias que deverão ser adotadas para intervir no caso.

O tutor deverá estar atento aos problemas apresentados pelos alunos. Em alguns casos, não lhe cabe solucionar os problemas e deve encaminhar os alunos aos profissionais especializados, integrantes da comissão do programa, ou à direção escolar, para que sejam tomadas as devidas providências.

Estratégias em sala de aula - As medidas adotadas em uma classe devem ser desenvolvidas ao mesmo tempo por todas as outras classes da escola. Isso significa que, quando o tutor iniciar o trabalho de investigação através da observação, da anotação de dados, da aplicação dos instrumentos de avaliação, todas as classes da escola devem estar realizando os mesmos procedimentos. Não é aconselhável passar adiante antes que todos tenham concluído o passo anterior.

O coordenador do programa poderá utilizar as horas de trabalho pedagógico coletivo (HTPCs) para fazer um balanço semanal do que foi realizado e estabelecer novos procedimentos contidos no programa. Não podemos deixar de mencionar, mais uma vez, que as medidas de atuação deverão contar com a participação e com a colaboração de todos os membros da comunidade escolar e que não cabe aos professores decidir, apenas entre eles, quais as que deverão ou não ser adotadas.

Estatuto contra o *bullying* - Uma medida que sugerimos como estratégia indispensável é a criação de um código ou estatuto, desenvolvido pelos próprios alunos, que estabeleçam normas ou regras para uma boa convivência e que repudiem o *bullying*.

Quando, no meio educativo, se trata de assuntos para combater os problemas de violência ou de má convivência entre os alunos, surge como necessidade a criação de um código comum que regule as maneiras de agir, que leve a uma coesão e coerência de procedimentos para abordar os conflitos. Uma série de normas integram a cultura escolar, e estas facilitam a organização e a co-responsabilidade de todos, sem as quais se torna difícil enfrentar o ano letivo. As normas sustentam-se em valores que, por sua vez, refletem-se em condutas concretas. Esses valores determinam as atitudes, os hábitos e os padrões específicos das condutas dos alunos diante de situações concretas.

Nesse sentido, estabelecem-se as normas como parte de um processo de educação em valores, como pressupostos dinâmicos de ação, que se criam na realidade da sala de aula e da comunidade escolar. As normas sobre as relações interpessoais em uma escola são fundamentadas em direitos e deveres por meio do Regimento Interno Escolar. Entretanto, tal regimento gera, às vezes, grande confusão, uma vez que a legislação vigente tem sido demasiado ambiciosa em sua concepção.

Segundo a autora espanhola Isabel Fernández[8], o Regimento Interno Escolar quer regular a estrutura e o funcionamento das escolas, as decisões relativas a todo tipo de associações da comunidade escolar, o compromisso sobre a manutenção de serviços e limpeza e detalhar os programas de integração. Realmente, os regulamentos do regimento interno regulariam o conjunto dos chamados serviços educativos executados pelas pessoas que têm, por sua vez, competências previamente legisladas por convênios e decretos específicos, aos quais se haveria de acrescentar a responsabilidade e direitos dos pais para o enriquecimento do que não está legislado pela norma vigente e que também é um objetivo dos próprios regulamentos.

Dessa forma, o Regimento Interno Escolar, que serviria de parâmetro para os princípios de convivência escolar, acaba atribuindo ao Estatuto da Criança e do Adolescente (ECA) as regras que deveriam ser estabelecidas pela comunidade educativa, de acordo com seus próprios valores. Portanto, acreditamos que cada comunidade escolar deveria elaborar as suas próprias normas, de acordo com a sua realidade.

Segundo o autor espanhol A. Bolívar, em sua obra *La evaluación de valores y actitudes*, a escola converte-se em "um espaço de construção de valores comuns"[9], e o debate sobre as normas facilita essa construção.

Assim, baseando-se em pactos ou princípios de convivência, sugerimos a elaboração de um estatuto contra o *bullying* ou contra a violência, centrado em direitos e deveres para toda a comunidade escolar, além das devidas sanções, levando em conta os direitos humanos de igualdade e respeito de todos os seres humanos. Para a elaboração dos pactos de convivência ou do estatuto contra o *bullying*, expomos aqui algumas diretrizes que foram seguidas no Programa Educar para a Paz.

Conscientização: os alunos devem estar conscientes dos objetivos de cada uma das regras que comporão o estatuto.

Discussão: o tutor relaciona na lousa as condutas violentas que mais incidiram nas investigações. Pede que os alunos se dividam em grupos de três ou quatro e discutam quais são os direitos e quais são os deveres que deverão ter em relação a cada conduta. A seguir, o tutor ou um aluno indicado anota na lousa as sugestões de cada grupo em relação à conduta, acrescentando ou excluindo aquelas que coincidem. O tutor pode sugerir outras normas que julgar importantes e que não tenham sido mencionadas. No caso da produção de um número excessivo de normas, propõe-se a redução ou a reestruturação das mesmas.

Votação: depois das devidas anotações, chega o momento da decisão final, da qual todos os alunos participam. Deve-se chegar a um consenso por meio de votação aberta, ou secreta ou de outra forma que o tutor achar conveniente.

Sanção: criar normas e não utilizá-las é perda de tempo. É necessário que a infração a elas acarrete sanções previstas no estatuto. Para isso, todo o processo acima deverá ser repetido, porém, dessa vez, caberá aos alunos indicar quais serão as conseqüências se as normas não forem obedecidas. Depois da votação geral, cada tutor encaminhará os resultados obtidos ao coordenador do programa. Ele então agendará uma assembléia que discutirá novamente as regras elaboradas e, se aprovadas, o estatuto entrará em vigor.

O estatuto será elaborado pelos alunos e nunca imposto pela escola. Criar normas torna-se um processo que exige consenso, reflexão e participação do maior número possível dos membros da comunidade educativa. A convivência é um ato de todos, motivo pelo qual todos devem participar. A assembléia deverá contar com a participação dos alunos representantes de cada classe, dos tutores, do Conselho de Escola e dos pais, sendo isso imprescindível para a conclusão das normas que regerão os pactos de convivência escolar.

A regulamentação das normas, bem como das sanções, deve ser realizada de forma conjunta, com um acentuado caráter pacificador. A negociação e o processo de tomada de decisões compartilhadas dividem a responsabilidade e criam uma enorme barreira ante os conflitos que possam surgir. As sanções devem existir para se evitarem comportamentos negativos, entretanto elas somente devem ser empregadas quando todas as estratégias utilizadas não obtiverem êxito.

Para que seja aplicada uma sanção, existem vários aspectos a serem obedecidos, dentre eles, podemos mencionar:

- o aluno deverá saber por que, como e quando infringiu as normas;
- o aluno deverá receber a sanção imediatamente para associar, de forma correta, ambas as situações: a ação e a reação;
- o aluno deverá receber uma sanção educativa, substituindo uma ação negativa por uma ação positiva;
- o aluno deverá receber a aplicação consistente, ou seja, obter as mesmas conseqüências sempre que apresentar comportamento negativo;
- o aluno deverá receber a sanção acompanhada de informações sobre como atuar.

Recomendamos que as sanções sejam sempre convertidas em ações solidárias e que seu cumprimento se dê com a ajuda dos alunos solidários. Dessa forma, o aluno que desobedece às regras tem a possibilidade de aprender atitudes positivas e melhorar seu comportamento com o auxílio de um companheiro.

<u>Desenvolvimento das estratégias</u> - As estratégias em sala de aula desenvolvem-se por meio do estudo de determinados problemas ou

situações pelo grupo-classe. Esse método, que facilita o diálogo e a participação dos alunos e proporciona um clima de liberdade e confiança, tem como maior objetivo ir ao encontro das necessidades emocionais e comportamentais do aluno que contará, assim, com o estímulo dos seus companheiros, ajudando-o na elevação da sua auto-estima e mostrando que para tudo existem soluções. Esse instrumento visa promover a inclusão do aluno que se encontra em situação de isolamento, seja qual for a razão: timidez, agressividade, necessidades especiais, ou por ser vítima da violência de algum companheiro.

Ao iniciar esse tipo de estratégia, o tutor deverá preparar a atividade e o ambiente para receber os alunos, visando à criação e ao fortalecimento da interação entre os componentes. Seria uma espécie de terapia em grupo, em que cada aluno reflete e emite sua opinião sobre o tema apresentado e sugere soluções.

O espaço mais adequado para a realização dessa atividade, de modo contínuo e sistemático, seria a sala de tutoria ou orientação. Músicas suaves, colchonetes ou tapetes nos quais os alunos possam deitar-se ou sentar-se..., esse seria o ambiente ideal para se tratar do crescimento pessoal dos alunos e da educação de suas emoções. Entretanto, na impossibilidade de uma sala especial, o tutor pode utilizar a sala de aula, dispondo as cadeiras em círculo ou em U e criando um ambiente harmonioso, favorável ao desenvolvimento dessa preciosa tarefa.

De acordo com o cientista Augusto Cury[10], a utilização dessas duas técnicas auxilia na educação da emoção. A música suave ou ambiente ajuda a desacelerar os pensamentos dos alunos, a diminuir a ansiedade, a estimular a concentração e a desenvolver o prazer de aprender. A disposição das carteiras em círculo ou em U desenvolve a segurança nos alunos, promove a educação participativa, diminui os conflitos em sala de aula e as conversas paralelas.

Sugerimos, como primeiro passo, as atividades de harmonização. O tutor então promove a harmonização através de breves exercícios de relaxamento. Primeiramente, explica aos alunos que o objetivo da harmonização é a obtenção da paz interior, o que, conseqüentemente, propiciará uma abertura para o nível intuitivo, facilitando a fluência de capacitação, compreensão e criação, além de um clima escolar mais pacífico e de qualidade.

A harmonização é um exercício que busca levar a pessoa a centrar-se em si mesma a partir do silêncio que favorece tanto a reflexão sobre a própria ação como a comunicação com o eu interior. Ao som das melodias da natureza ou de músicas instrumentais, as crianças devem ficar em silêncio, com os olhos fechados e com a atenção voltada à respiração. A seguir oferecemos alguns exemplos desse tipo de atividade que aplicamos com os alunos.

Na pré-escola, propomos a meditação baseando-nos no texto: "Sou uma flor".

> O ar entra pelo nariz e o eliminamos pela boca, como se soprássemos a pena de um passarinho... (Repete-se o exercício três vezes.) Agora, vamos fazer uma viagem... Imagino que sou uma flor, a mais linda de todas as flores... Vejo sua cor, a forma das pétalas e as gotinhas de orvalho que a tocam de manhã... Um duendezinho cuida dela: arruma suas folhas, lustra suas pétalas, faz-lhe carinho, muito carinho... A flor fica cada vez mais linda... Sinto que gosto de acariciá-la, de cuidar dela... Essa flor é como as crianças, como os jovens, como os adultos, como os idosos... Quando cuidamos e tratamos bem de nós, todos ficamos mais bonitos e felizes... Essa flor é a paz, a paz que está dentro de cada um de nós, a paz que queremos para o mundo... Nesse doce encantamento, despeço-me da minha flor, prometendo que todos os dias a regarei... com atitudes de amor, de respeito, de compreen-

são, de solidariedade... Devagarzinho... volto a encontrar-me com meus amigos... e a paz estará sempre comigo[11].

No ensino fundamental (1ª a 4ª séries), propomos o exercício baseando-nos na idéia: "Compartilhar sem competir".

> Sento-me confortavelmente, bem ereto. Entro em contato com a minha respiração: respiro, inspiro... de forma natural, tranqüila... Começo a caminhar, lentamente. Vou até uma porta. Abro-a, saio para o jardim, muito verde, sinto o perfume de eucalipto... Vejo um grupo de colegas. Chego mais perto, e eles me convidam para jogar. Jogamos em equipe, sentimos a alegria de jogar juntos! O que nos importa é desfrutar o jogo juntos, não importa quem ganhe ou perca... O mais importante é estarmos juntos, participarmos e nos sentirmos felizes... Ouço as gargalhadas, os comentários graciosos... Tudo é felicidade! Sinto o calor do sol que nos ilumina... É um calorzinho igual ao do nosso coração feliz e sorridente. Lentamente vou me afastando... Levo todos os meus colegas em meu coração... e volto à sala de aula[12].

No ensino fundamental (5ª a 8ª séries) e ensino médio: (Neste nível, as atividades deverão ser precedidas de alguns exercícios de relaxamento, que ajudam a aliviar as tensões físicas e, então, a harmonização será mais completa.) "A natureza é um canto de serviço".

> Sento-me confortavelmente, bem ereto. Entro em contato com a minha respiração: respiro, inspiro... de forma natural, tranqüila. Sinto o ar que oxigena meus pulmões. Sinto o bater do coração. Meu coração trabalha para que o sangue circule e chegue a todas as minhas células. Começo a sentir a energia da natureza... Sinto que na natureza tudo tem sua função... A árvore, que nos dá sombra, alimento. O pássaro, que nos alegra com seu canto.

O rio, que nos presenteia com o fluir da vida. O sol, que é energia de ação. A natureza, um canto de serviço. Sinto que essa energia de serviço envolve todo o meu ser. Sinto que quero viver essa felicidade de servir. Sei que, servindo aos outros, estou servindo a mim mesmo. Peço à minha sabedoria interior que me mostre uma maneira de servir hoje. Sinto-me feliz e gratificado... Lentamente, volto a esta sala..."[13].

Após os exercícios de harmonização, pode-se pedir aos alunos para que descrevam ou ilustrem as idéias que lhes ocorreram durante a atividade. Finalizados os exercícios, inicia-se a leitura do texto a ser discutido. Recomendamos que o tutor, nos primeiros encontros, desenvolva a dinâmica por meio de contos, parábolas ou pequenas histórias. Os alunos discutem, refletem e emitem opiniões, encontrando soluções para cada caso em questão. Como exemplificação da atividade proposta, relataremos algumas experiências que realizamos em escolas particulares e públicas.

Atividade 1:

- Séries: 1ª a 4ª.
- Objetivo: descobrir as atitudes que nos levam a construir um mundo mais justo e solidário; aprender a respeitar as pessoas e a aceitá-las como são; descobrir nossas diferenças e as dos demais e valorizá-las.
- Texto: "Tina, a leoa viajante"

Era uma vez uma leoa viajante que se sentou para descansar às margens de um rio e, de tão cansada, acabou dormindo. Quando despertou, encontrou-se rodeada por inúmeros leões, leoas e filhotes que a observavam:

– Bom-dia! Me chamo Tina – disse-lhes sorridente.

Então, uma das leoas lhe perguntou:

– Nossa, como és diferente! De onde saíste? És muito rara!
Tina, surpresa, respondeu:
– Venho de uma floresta muito distante e não sei por que me achas rara e diferente.
– Tens pintas coloridas em tua pele, e nós, os leões, não somos pintados, isso não é normal – respondeu ela.
Tina riu muito e exclamou:
– Os leões podem ser de cores distintas. No lugar onde eu vivo todos são iguais a mim, não vejo motivo para tanto espanto!
– Não é fácil entender-te, falas como se cantasses – acrescentou a outra.
– Estás certa, amiga. Também existem leoas de voz suave como a brisa, forte como o trovão, alegre como a água de uma linda cascata.
Rapidamente, um leão chegou gritando:
– Estás mentindo, creio que estás velha e doente e contagiarás a todos nós.
– Eu creio que estás mal da cabeça ou és um tanto simplória – disse outra.
– Ela está enferma e nos contagiará! – murmuraram entre si.
Então, Duda, um pequenino e mirrado leãozinho do qual todos se riam, vencendo sua timidez, lhe perguntou:
– Gostarias de vir à minha casa? Queria muito ser teu amigo.
E, estendendo sua patinha para cumprimentá-la, levou Tina até a sua casa e conversaram horas e horas... Os dois sentiam-se muito contentes. Quando caiu a noite, as pintas de Tina começaram a brilhar, iluminando as árvores na escuridão.
– Puxa, és realmente especial – disse-lhe seu amigo Duda, sorridente.
– Somente sou diferente, nada mais – respondeu Tina, um tanto chateada.
Ninguém, além de Duda, falava com Tina, e ela se sentia muito triste. Porém, um dia, uma leoazinha se perdeu no bosque ao

entardecer. Os leões importantes reuniram-se para pensar de que forma poderiam salvá-la. Alguns diziam que convinha esperar amanhecer, depois a procurariam. Mas a mãe leoa não parava de chorar nem um instante, tamanho era o seu desespero. Então, viram que uma luz vinha correndo até eles. Era Tina, que oferecia ajuda para encontrar a leoazinha perdida. Pensaram no mal que lhe haviam feito e sentiram-se envergonhados. Porém Tina, sem rancor, os guiou com a sua luz pelo bosque.

Finalmente, encontraram a leoazinha ferida, desmaiada. Todos ficaram contentes por tê-la encontrado e se puseram a cantar e a dançar. Agradeceram muito à leoa Tina e suas pintas coloridas que, no princípio, os haviam levado a rejeitá-la.

Mas, quando o melhor estava por vir... Toc, toc, toc...

– Pedrinho, levanta-te! Já é tarde, tens que ir ao colégio!

Que pena! Era apenas um sonho... Mas, desde esse dia, Pedrinho é o melhor amigo de Mohamed Abud, o menino novo do curso, aquele que todos olhavam com indiferença. Graças ao sonho, Pedrinho conseguiu fazer com que todos os colegas da classe começassem a olhar para ele com carinho. Abud até se ofereceu para ensinar lindas canções que eram do seu país. Que divertido! Todos riam por não saber pronunciá-las. Também aprenderam como se dançava. E, de vez em quando, escapa dos lábios de Pedrinho um meio sorriso, quando, bem baixinho, Mohamed Abud o chama de "leãozinho Duda"[14].

- Material: folhas com ilustrações do conto para colorir.
- Procedimento: ler o conto para o grupo e fazer com que os alunos reflitam, discutam e lhe dêem um final, de acordo com a sua imaginação.
- Perguntas para reflexões:
  - Vocês acreditam que Tina é uma leoa rara, que tem pintas coloridas no seu corpo?

- O que faz a leoa Tina quando todos os demais leões se riem dela e a colocam em ridículo?
- Que leão se comporta bem com Tina? Você acredita que vale a pena ajudar e tratar bem as pessoas?
- Conhece alguma pessoa que, como Tina, está sempre disposta a ajudar, apesar de os demais leões não terem se comportado bem com ela?
- Você acha que vale a pena ser como a leoa Tina?
- Você conhece algum coleguinha que é sempre alvo de gozações na escola? Você gostaria de ter a mesma atitude de Duda, em relação a esse coleguinha? O que acha que está faltando para conseguir?
- Você já viveu alguma situação parecida, em que achou alguma pessoa diferente, mas depois percebeu que ela era legal e se tornou uma grande amiga?
- Alguma vez já teve um sonho parecido com o de Pedrinho? Conte-o.

- Reflexão final: falar aos alunos que todos somos diferentes e que devemos respeitar as diferenças físicas, raciais, religiosas, culturais, socioeconômicas de cada um; falar-lhes da importância de ir adquirindo hábitos e atitudes solidárias com as pessoas que vivem ao seu redor; conversar com os alunos sobre a importância de assumir compromissos concretos com os companheiros de classe, para desenvolver atitudes de ajuda e de solidariedade diante dos problemas que possam apresentar.

Atividade 2:
- Séries: 5ª a 8ª.
- Objetivo: conscientizar os alunos sobre a existência das desigualdades econômicas em todo o mundo.
- Texto: "Tão real como a nossa vida"

Um aventureiro terrestre construiu uma nave espacial e resolveu conhecer um planeta muito distante, habitado somente por animais. Quando aterrissou, encontrou de imediato um coelho e... qual não foi o seu espanto quando percebeu que ele falava! O aventureiro, muito surpreso, lhe perguntou:

– Todos os coelhos deste planeta falam?

– Não somente os coelhos, mas todos os animais que vivem aqui.

– Como são? – perguntou o aventureiro.

– Para facilitar a sua compreensão, vamos fazer o seguinte: promoveremos um desfile durante uma hora, e você vai perceber que, em nosso país, temos tamanhos diversos, segundo o salário que ganhamos. Ganhamos mais ou ganhamos menos, de acordo com a importância que se dá ao trabalho que realizamos.

Assim, durante os primeiros dez minutos, viam-se somente manchas negras que se moviam, o que tornava impossível identificar a que espécie pertenciam. Depois desse primeiro intervalo, apareceram pequenas espécies, que se pareciam com as lombrigas. Seguiam desfilando e, aos trinta minutos, quando já havia passado a metade da população, ainda não havia nenhum animal que superasse os sete centímetros. Quando faltavam vinte minutos para finalizar o desfile, apareceram as galinhas. Nos cinco minutos finais, começaram a aparecer os cachorros, os gatos e os coelhos. O grupo seguinte era composto de enormes elefantes e, por último, uns cinco dinossauros gigantescos, dos quais quase não se podia ver a cara de tão enormes que eram[15].

- Desenvolvimento: o professor explica a história e apresenta as seguintes questões para debate:
  - Se fosse você quem presenciasse o desfile, que solução daria para que todos os animais fossem do mesmo tamanho?
  - Qual deveria ser a atuação dos animais para que não acontecesse uma diferença tão grande em seu planeta?

- Você acredita que o trabalho dos animais pequenos não tem valor? É justa essa diferença?
- Você acha que os animais são maiores porque seu trabalho é mais importante?
- Você acredita que isso acontece também em nosso planeta?
- Você acha que, em nosso país, as pessoas que recebem menos pelo seu trabalho são menos importantes do que as outras?
- Você acha justa a desigualdade social que há em nosso país? O que podemos fazer para diminuí-la?

Atividade 3:

- Séries: 1ª a 3ª do ensino médio.
- Objetivo: ensinar, através de um poema, quais são as atitudes que devemos adotar para conseguirmos a paz interior e com ela colaborarmos para um mundo melhor.
- Texto: "Então virá a paz"

Se crês que o sorriso tem mais força que as armas,
Se crês no poder de uma mão aberta,
Se crês que o que une os homens é mais que o que os separa,
Se crês que o fato de ser diferente é uma riqueza e não um perigo,
Então, virá a paz!
Se sabes olhar o outro com um pouco de amor,
Se preferes a esperança à suspeita,
Se pensas que quem tem que dar o primeiro passo, no lugar do outro, és tu,
Se o choro de um bebê é ainda capaz de estremecer-te,
Então, virá a paz!
Se podes sentir alegria com o êxito de teu vizinho,
Se crês que o perdão pode mais que a vingança,
Se és capaz de dar teu tempo gratuitamente por amor,

Se, para ti, o outro é sobretudo um irmão,
Então, virá a paz!
Se sabes aceitar as críticas,
Se resistes a colocar a culpa de tudo nos demais,
Se preferes que te façam dano antes de fazê-lo,
Se rechaças a idéia de que és indispensável,
Então, virá a paz![16]

- Desenvolvimento: o tutor lê e explica o poema. Divide a turma em grupos de quatro a cinco alunos e apresenta o seguinte roteiro para reflexão.
  - O que você acha que une os homens?
  - Você acha que a diferença é uma riqueza ou um perigo?
  - Você costuma olhar as pessoas com suspeita? Quando?
  - Você acha que é importante dar o primeiro passo? Em que situação?
  - O que pensa do sucesso? O que sente em relação ao sucesso dos outros?
  - Você aceita quando é criticado?
  - Você costuma atribuir a culpa dos seus fracassos a algo ou a alguém?
  - O que acha necessário para conseguir a paz interior?
  - Você acredita que é possível conseguir a paz entre os povos?

Quando os alunos já estiverem familiarizados com esse tipo de estratégia, dando opiniões e sugerindo soluções, chega o momento de se desenvolverem as atividades com fatos concretos do grupo-classe, retirados das redações "Minha vida escolar" e "Minha vida familiar". O tutor deverá transcrever, na íntegra ou parcialmente, a situação-problema apresentada pelo aluno em sua redação, e esta deverá ser discutida, induzindo os alunos à reflexão. Cabe ao tutor tomar as devidas precauções para que o autor continue no anonimato. Se houver citações de nomes ou dados que possam identificá-lo, estes deverão ser evitados. Vale lembrar também ao tutor que não deve ser mencionado, em hipótese alguma, que o caso em discussão resulta das investigações daquela classe, para que não haja especulações quanto à origem do autor.

Os objetivos que essa atividade visa alcançar são: o desenvolvimento da consciência crítica através do debate de idéias; a educação participativa; a superação da insegurança, dos conflitos e da timidez; a expansão da capacidade de solução em situações de tensão; o enriquecimento da socialização; a estimulação da afetividade entre os alunos; e, sobretudo, a educação da emoção e da auto-estima[17].

Os resultados obtidos com o desenvolvimento desse tipo de atividade levam os alunos à conscientização de que os problemas de violência existem, mas podem ser evitados se na escola todos souberem como agir, caso se encontrem ante um conflito ou vitimização. Permitem que o aluno identifique quais os motivos que levam o agressor a agir de determinada maneira e perceba o grau de sofrimento e temor da vítima. Permite também que o agressor se eduque e crie mecanismos contra as suas próprias atitudes violentas, canalizando-as para atividades proativas; que aprenda a pensar antes de reagir e, ainda, que aprenda a se colocar no lugar do outro. Quanto à vítima, esta aprende a desenvolver mecanismos de defesa por meio de técnicas assertivas.

As estratégias desenvolvidas em sala de aula possibilitam aos alunos aprender a partir de experiências reais e exercitar a criatividade na busca de soluções para cada problema. Esta atividade é uma maneira de transformar a sala de aula num espaço de construção de conhecimento e de possibilidades, uma forma de vislumbrar a confiança de que podemos melhorar uns aos outros.

Exemplificando a atividade proposta, relataremos algumas experiências que desenvolvemos em escolas particulares e públicas.

Redação: "Minha vida familiar"

- Autor: aluno de 11 anos, 5ª série

> Minha vida familiar até alguns anos era muito boa. Minha mãe nunca tinha trabalhado, porque cuidava de mim e dos meus irmãos. Sempre ganhava muitos brinquedos, mas agora só ganho no Natal, ainda não é do jeito que eu quero. Mas meu pai fala que só dá para comprar esse. Agora minha mãe tem que trabalhar na casa dos outros e meus irmãos vão para a creche. Meu pai estava trabalhando, mas agora não consegue arranjar emprego, está muito difícil. Então, ele fica muito nervoso e irritado com a gente. Quando chega a tarde, minha mãe vem do serviço e traz meus irmãos da creche e meu pai não está em casa. Quando ele chega, vem bêbado e começa a brigar com ela porque não tem quase nada para comer e a casa está uma bagunça. Então ele me xinga e bate e faz eu ajudar minha mãe, grita comigo e fala que não sirvo para nada, que sou um zero à esquerda. Fico humilhado e tenho vontade de dar o troco, mas é meu pai, não posso brigar com ele. Então no outro dia, vou na escola e brigo com um colega, quando ele não faz o que eu quero. Mas se ele contar para o meu pai, ele vai me bater, então eu o ameaço todos os dias porque minha vida familiar não é muito boa.

- Procedimentos adotados na 5ª série: formaram-se grupos compostos de cinco a seis integrantes. Cada grupo recebeu cópias do texto a ser analisado. O texto foi lido pelo tutor, e os grupos iniciaram o estudo da situação-problema através do seguinte roteiro:
  - identificação da situação-problema
  - motivos que causaram o problema
  - discussão do problema
  - apresentação de propostas de soluções
  - expectativas de resultados

- Reflexões:
  - Qual o motivo que desencadeou as atitudes violentas no relacionamento familiar do menino?
  - Você concorda com as estratégias utilizadas por seu pai?
  - Se você estivesse no lugar do pai do menino, o que faria?
  - Na sua opinião, por que o pai do aluno está desempregado?
  - Como você vê a questão do desemprego na sua comunidade?
  - O que você acha que poderia ser feito para resolver o problema do desemprego no país?
  - Como você agiria em relação ao pai, se estivesse no lugar do menino?
  - Qual o motivo que leva o menino a agir contra seu colega?
  - Você acredita que a violência do menino é resultante da violência aprendida no contexto familiar?
  - Você acha corretas as atitudes do menino?
  - Como você agiria se estivesse no lugar do menino em relação aos colegas?
  - Você acredita que pode auxiliar algum companheiro que esteja vivendo uma mesma situação? Apresente soluções.
- Soluções apresentadas:
  - Pedir aos adultos que ajudem o pai do colega a encontrar um trabalho.
  - Pedir ao pai do colega que não bata mais no filho.
  - Escrever cartas para o menino, pedindo-lhe que não bata nem ameace mais o seu colega.
  - Ajudar a família do colega com alimentos (projetos solidários).
  - Pedir ao colega que ajude sua mãe a organizar a casa, assim seu pai não fica tão nervoso.
  - Pedir ao colega que escreva cartas ao seu pai, falando sobre o seu sofrimento ao ser maltratado e sobre o amor que sente por ele.

A mesma situação-problema foi apresentada aos alunos das 8as séries, surgindo as seguintes sugestões:

- Criação de um banco de empregos em parceria com a Associação Comercial, sindicatos ou Prefeitura Municipal, ou via internet; cadastramento do pai desempregado, de acordo com sua profissão ou habilidade.
- Realização de projetos solidários: arrecadação de alimentos para suprir as necessidades básicas da família.
- Sugestões de trabalho cooperativo familiar (divisão de tarefas).
- Palestras para os pais sobre violência doméstica.
- Palestras para os pais sobre o uso do álcool e suas conseqüências.

Redação: "Minha vida escolar"
- Autora: aluna de 10 anos, 4ª série

A minha vida aqui na escola é assim: não arrumo briga porque na escola não é lugar de caçar encrenca, é para estudar. Então, eu vou contar a minha história aqui na escola. Quando eu venho para a escola, os meus colegas me cumprimentam e eu os cumprimento. Quando dá o sinal para entrar na classe, nós entramos. Minhas colegas perguntam se está tudo bem, respondo que está tudo bem. Copio as minhas coisas e a professora pergunta se está tudo bem, eu falo que está. Na hora do recreio, uns meninos ficam passando a mão na minha bunda, daí eu falo para as funcionárias e elas falam para o diretor. O diretor vai na classe e chama os meninos, que levam suspensão, e pede para a mãe deles vir aqui na escola. As mães explicam para o diretor que pediram para que não façam isso. Tem uns que me ameaçam; então, por isso, eu não abro mais a minha boca para nada. Se passo perto deles, fico de boca calada porque sei que são marmanjos e tenho muito medo deles.

Quase não saio de casa porque a minha mãe sabe do que acontece na escola, então ela não deixa; choro que quero sair. Minha mãe não me deixa ir na casa de minha tia e se eu ficar chorando, ela me põe de castigo. Fico um mês de castigo e não posso brincar nem dentro de casa. Portanto, fico longe de ser vítima porque tenho muito medo... Mesmo assim, os meninos me atormentam e não sei o que fazer.

- Procedimentos adotados: formaram-se grupos compostos de cinco a seis integrantes. Cada grupo recebeu cópias do texto a ser analisado. O texto foi lido por um aluno, e os grupos iniciaram o estudo da situação-problema através do seguinte roteiro:
  - identificação da situação-problema
  - motivos que causaram o problema
  - discussão do problema
  - apresentação de propostas e soluções
  - expectativas de resultados
- Reflexões:
  - Como você vê a atuação da vítima na escola?
  - Você já presenciou ou praticou alguma "brincadeira" parecida?
  - O que você pensa sobre essas atitudes?
  - Na sua opinião, quais são os motivos que levam os agressores a adotarem tais atitudes?
  - Você concorda com a atitude que a vítima adotou? O que faria se estivesse no lugar dela?
  - Se estivesse no lugar das funcionárias, qual seria a sua atitude? E se estivesse no lugar do diretor, o que faria?
  - Se estivesse no lugar da mãe dos agressores, como agiria? Como agiria se estivesse no lugar da mãe da vítima?

- O que você pode fazer para auxiliar a vítima e seus agressores, mesmo que indiretamente? Apresente soluções.

• Sugestões apresentadas:
- Pedir ajuda aos alunos solidários da classe, para fazerem companhia à vítima no recreio, evitando que seja alvo dos agressores.
- Pedir ajuda aos alunos solidários da classe, que moram perto da vítima, para acompanhá-la no caminho da escola, na ida e na volta.
- Visitas dos colegas ou integrantes do grupo de alunos solidários à casa da vítima, visando ao entretenimento e entrosamento familiar ou à realização de trabalhos em equipe.
- Palestras sobre auto-estima com especialistas.
- Aproximação dos agressores para conhecer os motivos que os levam a agir dessa maneira.
- Pedir aos alunos solidários que conversem com os agressores para não assumirem mais tais atitudes negativas.
- Promover atividades de lazer envolvendo agredido e agressores, visando à aproximação e à eliminação dos conflitos.

O estudo de uma situação-problema enfrentada por alguns integrantes do grupo-classe possibilita aos alunos a busca de decisões conjuntas, o respeito mútuo, o compromisso na solução e na elaboração de projetos coletivos e o estabelecimento de relações de reciprocidade. Possibilita, ainda, a aprendizagem dos valores tolerância e solidariedade como elementos fundamentais para a aprendizagem de outros valores, que permanecerão arraigados no comportamento dos alunos, inclusive orientando-os na vida adulta.

Geralmente, após a apresentação das sugestões, os envolvidos acabam se identificando ao tutor ou aos alunos solidários, confessando que estão vivenciando experiências semelhantes e precisam de auxílio.

Sob a orientação do tutor e dos alunos solidários, o grupo-classe prossegue as atividades através da execução dos projetos sugeridos, trabalhando conjuntamente com o objetivo específico de resolver os problemas que ocorrem entre os integrantes do grupo, dentro e fora da escola, bem como outros tipos de problemas enfrentados pelos alunos que, às vezes, não conseguem encontrar soluções.

Dessa forma, através do estudo de situações-problema do grupo-classe, consegue-se aos poucos encontrar soluções para alguns dos fatores que determinam o envolvimento de alunos no fenômeno *bullying*. Acreditamos que, se cada grupo-classe conseguir estabelecer "pequenas pazes" em seu convívio, será possível atingir a paz no ambiente escolar – que é, sem dúvida, o nosso maior objetivo.

Projetos solidários - Como vimos, o Programa Educar para a Paz está centrado nos valores básicos da tolerância e da solidariedade. O desenvolvimento de pequenos projetos parte do cotidiano dos alunos, de sua vivência e de suas necessidades.

> As necessidades sociais podem tornar-se objeto de desejos coletivos, coesionados a partir de experiências da esperança no cotidiano das pessoas. Sem esse suporte experiencial, geralmente sobram apenas propostas centralistas, amparadas em algum mito do Estado ideal, ou ilusões ideológicas sem nexo com o cotidiano das pessoas. Onde há vivenciamentos concretos da esperança, por limitados que eles sejam, surge um suporte para sonhos maiores. E essa dinâmica desejante é capaz de gerar tanta energia em nossas identidades pessoais e nas convergências de cooperação coletiva, que aquilo que parecia impensável e impossível se torna projetável e factível[18].

Cabe ao tutor conduzir os alunos para que comecem a desenvolver pequenas ações solidárias no cotidiano escolar e, progressivamente, de acordo com suas capacidades, a fazer parte de projetos solidários que vão além das fronteiras restritas de sua escola, de sua comunidade ou de seu país. Por meio dos projetos solidários, estaremos desenvolvendo o protagonismo juvenil, proporcionando aos alunos a superação do isolamento e a participação nos problemas e acontecimentos da vida comunitária e, acima de tudo, aumentando sua capacidade de enfrentar as adversidades da vida.

"O compromisso social deve ser a grande meta da educação. Sem ele, o individualismo, o egoísmo e o controle de uns sobre os outros crescerão" (Cury)[19].

O engajamento em projetos solidários levará os jovens a desenvolverem a responsabilidade social, a promoverem a cidadania, a capacidade de trabalhar em equipe, a se colocarem no lugar do outro e entender suas mazelas.

Entretanto, os projetos solidários não devem ser realizados de qualquer maneira ou como mero assistencialismo, mas através de um planejamento sistemático. Planejar um projeto solidário significa identificar e conhecer quais são os problemas alvos da ação solidária e quais são os objetivos que se visa alcançar com determinada ação. Do ponto de vista didático, os educadores devem buscar a sensibilização e a análise da ação solidária, desde os níveis mais próximos até os complexos e distantes.

Nossa intenção é que os alunos comecem a desenvolver pequenos projetos solidários a partir da conscientização das suas próprias necessidades. Nas estratégias de atuação em sala de aula, pelo estudo de situações-problema, os alunos poderão sugerir o desenvolvimento de projetos solidários, visando atender as necessidades dos companheiros. O desenvolvimento de tais projetos poderá diminuir os problemas entre vítima e agressor. Bem sabemos que objetivos comuns são a melhor fórmula para aproximar as pessoas. Uma vez trabalhando conjuntamente, desenvolver-se-á em ambos uma nova mentalidade, que levará a vítima à elevação da auto-estima e o agressor à conscientização de que não é com violência e imposição de autoridade que se consegue resolver os impasses da vida cotidiana. O planejamento dos projetos pelo grupo-classe é o caminho mais fácil para perceber e viver a prática da solidariedade.

A seguir, apresentaremos a síntese das sugestões de projetos solidários, em prol da comunidade escolar e em prol da sociedade, criados pelos alunos após o estudo de situações-problemas. Alguns deles já foram executados com êxito.

Em prol da comunidade escolar: entre os inúmeros projetos sugeridos em prol da comunidade escolar, podemos citar a aprendizagem de atividades manuais que incluem crochê, tricô, bordados em miçangas e pedrarias, pintura, bijuterias, corte e costura (esta última foi sugerida como um meio para aumentar a renda familiar). Para a comercialização, foi sugerida a criação de cooperativas, uma maneira de trabalhar em equipe visando atingir objetivos comuns. Pode-se formar uma cooperativa em que se confeccionem enxovais para noivas, gestantes ou bebês, com alunos e familiares trabalhando em equipe. As feiras livres tornaram-se, hoje, uma opção a mais para a venda dos produtos. Cursos de cabeleireiro feminino e masculino, manicure e pedicuro, maquiagem, massagem, estética, computação, grafitagem, foram também sugeridos, além de cursos de teatro, música, dança, instrumentos musicais. Destaque principal mereceu o incentivo à prática de esportes. Propiciar aos alunos o desenvolvimento de suas habilidades esportivas, fazer parcerias com times, empresários ou "olheiros", são maneiras de descobrir novos talentos e promover as diversas modalidades esportivas. Inúmeros atletas poderão ser revelados na escola com esse tipo de procedimento, procurando-se, inclusive, buscar o incentivo da comunidade em que a escola está inserida.

Em prol da sociedade: entre os inúmeros projetos sugeridos em prol da sociedade, podemos destacar a formação de um banco de voluntários contando com a participação de alunos, familiares e pessoas da comunidade, para desenvolver atividades em parceria com hospitais ou outras instituições, visando ao trabalho educativo, como, por exemplo, apoiar e divulgar campanhas contra a violência, contra o *bullying*, contra a Aids, contra o câncer, contra as drogas; passeatas, abaixo-assinados, protestos, passeios ciclísticos, maratonas e campanhas em defesa da paz, do meio ambiente, da comunidade em que se vive, dos animais, dos direitos humanos, da doação de órgãos e de sangue, pedindo justiça, igualdade e solidariedade entre os povos.

Apresentaremos a seguir algumas experiências em projetos sociais que foram desenvolvidos em 1999 e 2000, época em que atuamos como coordenadora do Programa Educar para a Paz em uma escola da rede particular de ensino, motivo pelo qual as ações solidárias foram realizadas em prol de algumas instituições filantrópicas da comunidade. Os referidos projetos mereceram os cumprimentos da Coordenadora de Projetos Transdisciplinares e do Programa da Cultura de Paz, Marlova Jovchelovitch Noleto, da Unesco-Brasil, por serem considerados iniciativas que ajudam o país a combater a violência e a lutar pela paz.

O primeiro passo para a realização dos projetos foi a escolha de algumas instituições confiáveis da comunidade, após encontros com seus respectivos diretores. Nesse primeiro encontro, foram-nos apresentadas as dificuldades que enfrentavam e o interesse na participação da comunidade para saná-las. Conscientes dos problemas com que a entidade vinha lidando, os dados foram levados para a escola e, diante da situação-problema da instituição, os grupos-classes apontaram algumas soluções.

Cada um dos grupos-classes ficou responsável pelo desenvolvimento de um projeto que visasse suprir as necessidades apontadas, além de proporcionar aos assistidos pela instituição momentos de alegria e descontração. Foram necessários dois tipos de procedimento: o envolvimento de familiares e amigos dos alunos para arrecadações e o aproveitamento das habilidades dos alunos. Assim, os alunos que tinham habilidade para tocar algum tipo de instrumento ou para cantar, fizeram parcerias para a apresentação de números musicais. Organizaram-se danças, jograis e poesias, sempre procurando elevar a auto-estima e dar esperanças aos assistidos. Alguns pratos de culinária foram preparados pelos alunos nas próprias casas e servidos, finalizando o projeto com a entrega das arrecadações e com as devidas orientações de uso, quando necessário.

Esse tipo de atividade propiciou aos alunos e aos professores a oportunidade de vivenciarem o cotidiano das pessoas, além de colocarem seu serviço, de forma desinteressada, em prol dos menos favorecidos – uma forma de conhecer a realidade vivida pelo outro e valorizar a sua própria vida. Também se converteu numa maneira de conhecer de perto os problemas sociais, responsáveis pelos mais variados tipos de privações que a maioria da população enfrenta. Conhecer e vivenciar os problemas sociais desenvolve nos participantes a consciência crítica e estimula as atitudes de transformação.

Assim como se desenvolvem projetos visando assistir instituições filantrópicas, eles também podem ser desenvolvidos em prol das famílias carentes dos próprios alunos da escola. Propiciar ao aluno a oportunidade de ser beneficiado com atitudes de solidariedade que partam da escola é uma maneira de aproximar escola-família-comunidade e, principalmente, uma forma de conscientizar a família da importância da escola na vida das crianças e da necessidade de participação na vida escolar de seu filho.

Projeto: Mãos que Perfumam

- Coordenação: Programa Educar para a Paz.
- Participação: 5ªs séries do ensino fundamental.

- Entidade beneficente: Asilo São Vicente de Paulo.
- Objetivo: colaborar para que os idosos possam viver com dignidade, num ambiente limpo e saudável.
- Interdisciplinaridade: laboratório, ética e cidadania, português, educação musical.
- Desenvolvimento:
  - arrecadação de embalagens de refrigerantes descartáveis;
  - criação e confecção de rótulos com indicação dos componentes químicos;
  - aprendizagem e fabricação de desinfetante em laboratório;
  - limpeza das embalagens e colagem das etiquetas;
  - ensaio de danças;
  - ensaio de músicas e do tema do projeto: "Um pouco de perfume";
  - confecção de cartazes com frases de agradecimento ao idoso;
  - doação do desinfetante e apresentações das atividades programadas;
  - jogos de cartas entre idosos e alunos;
  - atenção individualizada aos idosos, ouvindo suas histórias de vida.

Projeto: Cabeça Limpa

- Coordenação: Programa Educar para a Paz.
- Participação: 6ªs séries do ensino fundamental.
- Entidade beneficente: Educandário São Benedito.
- Objetivo: contribuir para que crianças e adolescentes assistidos pela entidade possam desenvolver, na teoria e na prática, noções de higiene pessoal.
- Interdisciplinaridade: ética e cidadania, português, educação musical, laboratório, educação física.
- Desenvolvimento:
  - arrecadação de embalagens de xampu usadas;

- criação e confecção de rótulos com indicação dos componentes químicos;
- aprendizagem e fabricação de xampu refrescante e antipiolho;
- limpeza das embalagens e colagem dos rótulos;
- confecção de cartazes com figuras e frases sobre higiene corporal;
- programação de atividades esportivas;
- doação do xampu e de pentes-finos e orientação sobre como utilizá-los;
- desenvolvimento das atividades esportivas, gincana.

Projeto: Mancha Branca

- Coordenação: Programa Educar para a Paz.
- Participação: 7ªs séries do ensino fundamental.
- Entidade beneficente: Creche Ogum Beira-Mar.
- Objetivo: suprir a necessidade prioritária da criança: a alimentação.
- Interdisciplinaridade: ética e cidadania, português, educação musical, ciências, educação física.
- Desenvolvimento:
  - arrecadação de leite longa vida ou leite em pó e alimentos não-perecíveis;
  - confecção de cartazes com frases sobre saúde;
  - criação de frases assertivas;
  - ensaio de músicas e danças;
  - preparação de atividades esportivas;
  - doação dos produtos e alerta sobre a sua validade;
  - orientação sobre saúde.

Projeto: Horta Solidária

- Coordenação: Programa Educar para a Paz.
- Participação: 8ªs séries do ensino fundamental.

- Entidade beneficente: Creche Ogum Beira-Mar e Asilo São Vicente de Paulo.
- Objetivo: desenvolver uma atitude solidária, suprindo ou reforçando a alimentação das crianças e dos idosos carentes.
- Interdisciplinaridade: ética e cidadania e ciências.
- Desenvolvimento:
  - escolha do local onde será formada a horta;
  - organização de grupos que cuidarão da horta em sistema de rodízio;
  - preparação do terreno;
  - escolha das sementes e plantação;
  - colheita e doação;
  - orientação sobre como usar verduras e legumes e como evitar o desperdício.

Projeto: Arte de Brincar

- Coordenação: Programa Educar para a Paz.
- Participação: 2as e 3as séries do ensino médio.
- Entidade beneficente: Creche Ogum Beira-Mar.
- Objetivo: contribuir para que as crianças possam desenvolver todo o seu potencial criativo, por meio de brincadeiras próprias da idade, em condições de igualdade.
- Interdisciplinaridade: educação artística, informática, ética e cidadania, português e educação musical.
- Desenvolvimento:
  - arrecadação de brinquedos e jogos usados e danificados;
  - restauração dos brinquedos por meio de colagem, trocas e consertos de peças quebradas e vestimentas, desenhos e pinturas;
  - confecção de cartazes com frases assertivas ou de efeito;
  - cópias de instruções para os jogos;
  - confecção de embalagens para os brinquedos;
  - ensaio de apresentações musicais;

- doação de brinquedos e orientação sobre como utilizá-los e conservá-los.

Projeto: Educação Solidária

- Coordenação: Programa Educar para a Paz.
- Participação: todas as séries do ensino fundamental e médio.
- Objetivo: desenvolver a solidariedade em relação aos companheiros que têm dificuldades de aprendizagem.
- Desenvolvimento:
  - abertura das inscrições para voluntários do projeto Educação Solidária;
  - abertura das inscrições para os alunos que queiram participar do projeto Educação Solidária, recebendo auxílio na(s) disciplina(s) em que têm dificuldade;
  - confecção de um calendário mensal;
  - avaliação bimestral do projeto;
  - revisão e sustentação do programa.

Projeto: Solidariedade Ecológica I

- Coordenação: Programa Educar para a Paz.
- Participação: todas as séries do ensino fundamental e médio.
- Interdisciplinaridade: ética e cidadania, matemática, ciências, biologia, educação artística, português.
- Objetivo: conscientizar os alunos da necessidade de incorporar no seu cotidiano os pequenos gestos de cidadania que muito colaborarão para a qualidade de vida do planeta.
- Desenvolvimento:
  - estudo sobre meio ambiente e cidadania;
  - discussões sobre reciclagem de lixo;
  - confecção de lixeiras para seleção do lixo;
  - confecção de cartazes que ilustrem as conseqüências do lixo para o meio ambiente;

- coleta e seleção do lixo escolar e caseiro para venda;
- confecção e distribuição de lixeiras de câmbio e folhetos para serem distribuídos para os motoristas, conscientizando-os de pequenas atitudes que podem colaborar para a saúde do meio ambiente, como, por exemplo, não jogar lixo nas ruas e nas rodovias;
- confecção e distribuição de folhetos sobre desperdício de alimentos, água e energia elétrica;
- aplicação da renda adquirida com a venda do lixo (papelão, vidro, lata e alumínio) à confecção de material explicativo ou à compra de alimentos para entidades beneficentes.

Projeto: Solidariedade Ecológica II

- Coordenação: Programa Educar para a Paz.
- Participação: todas as séries do ensino fundamental e médio.
- Disciplinas envolvidas: todas.
- Objetivo: conscientizar os alunos da importância do desenvolvimento de atitudes individuais de cidadania que, quando somadas, muito contribuem para a preservação do meio ambiente.
- Desenvolvimento:
  - parcerias com as prefeituras ou empresas para apoiar o projeto;
  - adoção de ruas no entorno escolar;
  - parcerias com faculdades ou universidades para que os estudantes colaborem com o projeto;
  - plantio de árvores e/ou plantas ornamentais visando à formação de jardins;
  - parcerias com rádios, jornais e/ou emissoras de TV, visando divulgar e incentivar a execução do projeto em outros estabelecimentos de ensino;
  - confecção de material solicitando o apoio das escolas e da população de modo geral para ajudar na conservação do meio

ambiente, além de mostrar que é possível transformar um local, por mais deplorável que esteja, num ambiente bonito e saudável.

Investigação semanal - Ao mesmo tempo que se desenvolvem as atividades descritas, faz-se necessário acompanhar as mudanças no comportamento dos alunos. Para isso, sugerimos que o tutor promova uma investigação, preferencialmente todas as sextas-feiras, nas últimas aulas. Colocam-se na lousa algumas perguntas sobre o que ocorreu durante a semana, em relação à violência ou aos conflitos entre os alunos. Muitas vezes, a vítima, temendo represálias do agressor, diz que não lhe aconteceu nada durante a semana e se recusa a participar da investigação, ou então o aluno alega que realmente não sofreu qualquer forma de violência e por isso não vai responder às perguntas; em qualquer dos casos o tutor deve pedir que todos colaborem e entreguem as respostas com a devida identificação. Essa estratégia inibe a ação do agressor, que se vê acuado em suas ações.

Roteiro sugerido:
1) Você sofreu algum tipo de violência esta semana?
2) Em caso afirmativo, quem é e onde está o seu agressor?
3) Você conseguiu se defender?
4) Você contou para alguém o que aconteceu?
5) Comente o fato.

Estratégias familiares - Para que a implantação do Programa Educar para a Paz tenha êxito em uma escola, é imprescindível a participação do segmento familiar. Isentar a participação dos pais é equivocar-se na idéia de que a escola é a única responsável pelo processo educacional.

Encontro de pais e tutores - No desenvolvimento das estratégias familiares, os pais devem ficar cientes de que seus filhos podem estar vivenciando a situação de vítima ou de agressor e que a escola precisa da sua colaboração. Primeiramente, o tutor deverá convocar uma reunião com os pais, embora saibamos que, em nível coletivo, a participação familiar é mínima. Porém, essa realidade poderá ser modificada por meio de um grau maior de compromisso, quando os assuntos forem tratados de forma individualizada. A participação dos pais na vida escolar dos seus filhos supõe um indicador-chave de qualidade da escola e do ensino.

Orientações sobre convivência familiar - Em relação à adoção de estratégias familiares para fazer frente ao fenômeno *bullying*, é imprescindível que, no âmbito local, a própria escola tome algumas medidas que incentivem a participação e o acompanhamento dos pais na vida escolar das crianças. No âmbito geral, os órgãos competentes devem desenvolver constantes campanhas publicitárias na mídia, com o objetivo de despertar os pais para a importância que tem a educação na vida dos seus filhos e para a responsabilidade de educar que lhes cabe e que, com o tempo, foi sendo delegada somente à escola. Esse despertar, por um lado, fará com que os pais incentivem a freqüência, a permanência de forma apropriada e o desempenho de seus filhos na escola. Por outro lado, propiciará o repensar sobre as mudanças que se fazem necessárias nos relacionamentos familiares, como, por exemplo, a fixação de limites e o estabelecimento de regras de convivência. Tais mudanças poderão auxiliar todos os membros da família a se respeitarem e a adotarem atitudes positivas, cujos resultados beneficiarão não somente a vida familiar, mas também a vida escolar e social de seus filhos.

Sugerimos que as campanhas publicitárias desenvolvidas pelos órgãos competentes não fiquem restritas apenas ao Dia da Família na escola, mas que mostrem como os exemplos da família, positivos ou negativos, influenciam as atitudes das crianças e dos adolescentes, tanto na escola como nos demais segmentos sociais.

Por esse motivo, nossa preocupação maior é propiciar condições para que os pais possam refletir sobre o modo como estão educando seus filhos. Uma boa reflexão seria: "Qual é o tipo de educação que minha família está oferecendo aos meus filhos? Para onde estamos norteando a vida deles, para as boas ou para as más atitudes? Quanto tempo do dia dedico aos meus filhos?"

Um outro aspecto que abordamos em nossos estudos é a falta de religiosidade de nossas famílias. Em nossos encontros com elas, sempre sugerimos que se reúnam, ao menos uma vez por semana, em torno de uma mesa (com todos os meios de comunicação desligados), num clima de amor e de paz, para discutir e refletir sobre textos, parábolas ou histórias da Bíblia, do evangelho ou de algum livro que ensine o valor da fé, do amor e da importância da união familiar. Vale observar que, quando o tutor falar em religiosidade e fé, deve se referir aos ensinamentos que as religiões transmitem, porém sem fazer qualquer indicação e sem compará-las, uma vez que o amor, o perdão e a fraternidade são pontos comuns em todas as religiões.

O diálogo é outro aspecto que abordamos para unir as famílias. Um bom bate-papo é primordial para estreitar os seus laços. Há famílias que não encontram tempo para conversar e os raros momentos em que se reúnem ficam destinados às discussões, às ofensas impensadas, às reprimendas desnecessárias. As desavenças familiares muitas vezes são fomentadas pela falta de união e de objetivos comuns. É preciso dialogar com os filhos, ouvir suas frustrações, seus medos, suas histórias cotidianas, incentivá-los a confiar-lhes seus problemas, buscando soluções no seio familiar, procedimento essencial para que eles não se percam no meio do caminho. Conhecer os problemas enfrentados pela sua família é uma forma de as crianças compreenderem que as dificuldades também fazem parte da vida.

Buscar soluções para os problemas, estabelecer objetivos e regras comuns, fazer negociações, além de trabalhos solidários dentro ou fora do lar, são oportunidades de exemplificar o bem e o amor de Deus. Tudo isso fará com que germine dentro da alma das crianças a conscientização de que, embora os problemas existam, eles são solucionáveis, e a força de vontade e o prazer de viver ajudarão o fortalecimento de todos os membros da família. Não podemos nos esquecer de que o tipo de educação que os filhos recebem no lar repercute na escola. Portanto, uma boa educação familiar, baseada no amor, no respeito e na cooperação, fará com que as crianças tenham exemplos positivos a serem seguidos.

Indiscutivelmente, nem todas as famílias possuem a mesma capacidade para ajudar seus filhos. Porém, essa falta de capacidade poderá ser suprida pelo apoio à ação dos professores. Entre as causas determinantes do comportamento agressivo e intimidatório que muitos alunos adotam na escola, as relações caóticas e desordenadas que vivem no ambiente familiar têm grande influência. Muitos dos "valentões" da escola são vítimas do assédio ou da violência em sua própria família ou ambiente social. Sofrem graves distúrbios de personalidade e carecem de tratamentos específicos. Apresentam dificuldades de compreender os sentimentos e a dores alheias e de colocar-se no lugar do outro.

Para que haja a participação da família nas estratégias *antibullying*, o tutor deverá convidar, para uma primeira reunião, os pais dos alunos agressores; depois, para uma segunda reunião, os pais dos alunos vítimas; finalmente, os pais dos alunos espectadores, que se aliam aos agressores. Em cada reunião, o tutor deverá estar de posse dos resultados da aplicação do questionário sobre relacionamentos familiares, indicando as possíveis causas que conduzem os alunos aos maus-tratos.

O objetivo dessa reunião é analisar minuciosamente a situação e traçar estratégias para resolver o problema. Deve-se deixar bem claro aos pais que, devido a um comportamento abusivo e intimidatório, o agressor tem grandes probabilidades de, quando adulto, adotar condutas anti-sociais em sua vida, como a delinqüência e o uso de álcool e drogas. Estatísticas indicam que 80% dos viciados em drogas têm problemas familiares graves. Portanto, a minimização da adoção de condutas anti-sociais e agressivas pode estar na família. A parceria família-escola muito tem a contribuir para ajudar os alunos na mudança de atitudes e comportamentos.

O tutor deve orientar os pais a não admitirem condutas agressivas de seu filho e a exigirem que o filho agressor deixe sua(s) vítima(s) em paz. A família e a escola devem se empenhar em despertar nessas crianças a empatia, para que possam valorizar os sentimentos que produzem em suas vítimas. Se o binômio escola-família manifestar repúdio às ações negativas, a possibilidade de mudança no comportamento do agressor será muito grande.

Em segundo lugar, algumas regras comuns devem ser estabelecidas para que sejam utilizadas na escola e na família. O ideal é que essas regras sejam escritas e fiquem visíveis em algum lugar da casa e da escola e, todas as vezes que forem cumpridas, o filho/aluno seja elogiado. Sabemos que as pessoas, quando são estimuladas e vêem seus atos apreciados, têm a tendência de adotar atitudes cada vez mais positivas. Entretanto, se as regras não forem cumpridas, o agressor deverá arcar com algumas conseqüências. Estas podem ser do tipo que incomoda ou desagrada, porém, em hipótese alguma, os pais devem repreender assumindo atitudes que depreciem ou diminuam a auto-estima.

O tutor deverá advertir os pais de que a imposição ou o abuso de autoridade, por meio de qualquer forma de violência, é um método ineficaz de se fazerem obedecidos.

Segundo Olweus[20], o mais habitual é que as agressões e outras condutas indesejáveis se produzam quando os adultos não estão presentes ou quando não observam o que as crianças ou adolescentes estão fazendo. Por isso, é importante que os pais conheçam quem são os amigos de seus filhos e o que fazem. Compartilhar experiências com os filhos e com seus amigos é uma forma de poder compreender melhor a sua personalidade e reações e influenciá-los positivamente.

No caso do agressor, os pais e os tutores devem procurar descobrir as habilidades que ele possui. Estimular suas habilidades é uma das melhores estratégias para auxiliá-lo. Por exemplo, se o agressor possui habilidades para a prática de algum esporte, o mínimo esforço que vier a produzir deverá ser estimulado e elogiado. O acompanhamento da família na prática desportiva, como "torcida familiar" ou como integrante desse mesmo esporte, fará com que os laços familiares se estreitem e o agressor se sinta amado. Dessa forma, qualquer esforço que venha a modificar sua maneira de agir passa a ser visto de maneira positiva por seus familiares. Assim, o agressor deixa de ser visto como "problema" e se transforma em um elemento importante dentro do contexto familiar e escolar, e a agressividade, com o passar dos tempos, tenderá a diminuir ou, quem sabe, até a ser eliminada, se canalizada para ações proativas. Porém, o acompanhamento dos pais deve ser constante a fim de não abrir lacunas para as ações agressivas.

Quanto à vítima típica, como já mencionamos, esta se caracteriza pela ansiedade e insegurança, pouca confiança em si mesma, poucos amigos ou nenhum. Por isso, é importante que os pais procurem ajudar o filho a integrar-se e lhe possibilitem a autoconfiança através do desenvolvimento das qualidades e atitudes positivas da criança. É importante que os pais também utilizem os elogios para toda e qualquer atitude positiva que demonstre confiança, por mais insignificante que seja. O ideal seria que os pais ensinassem o filho a se defender do agressor sem recorrer à violência. O ensaio de técnicas assertivas, por meio de frases e expressões corporais, dará à vítima mais segurança. Por exemplo, dizer não às chantagens e afirmar: "Não serei mais seu amigo se pedir que maltrate outro", ou ainda: "Não tenho medo de você".

Grupo de pais solidários - Nas estratégias familiares, as atitudes solidárias também são imprescindíveis. O tutor pode sugerir que os pais se engajem nos projetos solidários da escola, seja através do grupo de pais solidários, seja através de pequenas ações, junto com seus filhos.

Ensinar pelo exemplo é o melhor caminho. Doar algumas roupas ou objetos que não usam mais e incentivar a criança para que faça o mesmo se converte num método cujo resultado é altamente benéfico, tanto para quem recebe, como para quem doa. Essa estratégia propiciará o conhecimento da realidade do outro e a melhor compreensão de si mesmo. É essencial criar hábitos solidários e, aos poucos, a criança vai aumentando sua auto-estima e se integrando à escola, conquistando a confiança necessária em si mesma e adquirindo habilidades para defender-se.

Quanto à vítima provocadora, esta colabora nas situações de agressão. Nesse caso, os pais ou os tutores devem ajudar com discrição, porém com firmeza, para que ela passe a agir de forma a irritar menos seus companheiros. O ideal é que o tutor lhe propicie o desenvolvimento das habilidades sociais para que ela adquira melhor compreensão das normas sociais de seu grupo e eleve sua auto-estima. Uma opção para a vítima provocadora é a liderança, seja participando do grupo de alunos solidários, seja de algum grupo de estudo (monitor de estudo), e, em casa, passando a se responsabilizar por alguma tarefa. Em ambos os contextos, o elogio e o incentivo são primordiais para o cumprimento da tarefa. A participação e a atribuição de responsabilidades promovem a mudança de comportamento e favorecem a convivência pacífica.

Ainda como estratégias de atuação junto à família, a Escola de Pais deve ser uma outra opção para tratar problemas específicos, como disciplina familiar, desenvolvimento das crianças, clima afetivo no lar, condições que favorecem a violência doméstica e repercutem na escola, além de abordar problemas de ordem geral da sociedade: as drogas, a educação sexual, a violência.

Queremos fazer referência ainda àquele aluno que, após se haverem esgotado todas as estratégias esquematizadas pela escola visando à melhoria das suas relações interpessoais e à redução do comportamento agressivo, ainda insiste em praticar atos agressivos. Denominado de "criança impossível" por David Lane[21], tal aluno representa um problema para o professor, uma vez que mostra hostilidade tanto com os colegas como com os adultos. Esse aluno é mais propenso a apresentar um quadro de múltiplo estresse, cujos indicadores podem estar associados aos seguintes aspectos: possíveis problemas congênitos, dificuldades temperamentais, fatores sociais, fatores familiares, dificuldades de relacionar-se com seus iguais.

Para esse aluno existem programas específicos. Ele será encaminhado a especialistas que o examinarão em sua múltipla problemática e decidirão quais os tipos de tratamento a que deve se submeter, comprometendo-se a acompanhá-lo e fazer a avaliação dos resultados.

Aqueles alunos cujos comportamentos extrapolam as habilidades psicopedagógicas da equipe responsável pelo desenvolvimento do programa deverão ser encaminhados a profissionais especializados a fim de que sejam devidamente diagnosticados e tratados. O ideal é que a equipe trabalhe tendo em mente a necessidade de estabelecer parcerias com profissionais das diversas áreas de saúde, encaminhando-lhes alunos todas as vezes que isso se fizer necessário e procurando manter-se informada sobre o andamento de cada caso.

Segundo passo: novo diagnóstico da realidade escolar

Investigação da nova realidade escolar - Após o desenvolvimento das estratégias contidas no Programa Educar para a Paz, por intermédio das quais toda a comunidade escolar tem participação, o próximo passo é diagnosticar, através de indicadores, a nova realidade da escola. Os questionários e as redações devem ser mais uma vez utilizados como ferramentas.

Apresentação do diagnóstico à comunidade escolar - De posse dos dados, sua apresentação faz-se imprescindível para a comunidade escolar.

Revisão e manutenção do programa - De acordo com os resultados, a comissão do programa deve revê-lo ou mantê-lo. Nunca é demais lembrar que a continuidade do programa é de importância fundamental, uma vez que devemos formar todos os nossos alunos no espírito de tolerância, no respeito às diferenças, na autoconfiança e na solidariedade se quisermos construir um mundo de paz.

CAPÍTULO III
SUBSÍDIOS TEÓRICOS
AS DETERMINANTES DO COMPORTAMENTO AGRESSIVO/VIOLENTO, VELADO OU EXPLÍCITO

> "Do rio que tudo arrasta se diz que é violento. Mas ninguém diz violentas as margens que o comprimem."
>
> BERTOLT BRECHT

Definições dos termos *violência* e *agressividade*

Para entendermos as causas determinantes do comportamento agressivo ou violento, é imprescindível conceituar os termos *violência* e *agressividade*. Segundo alguns autores, o termo *violência* é complexo e polissêmico, isto é, apresenta diferentes sentidos, e o seu significado se define a partir do seu contexto formador – social, econômico ou cultural –, de acordo com o sistema de valores adotados por cada sociedade e levando em consideração o seu nível de tolerância para com a violência.

A *Enciclopédia Larousse Cultural* define *violência* como "ato de força, impetuosidade, acometimento, brutalidade, veemência". Em regra, a violência resulta da ação, ou da força irresistível, praticada na intenção de um objeto que não se teria sem ela. Juridicamente, *violência* é uma espécie de coação, ou forma de constrangimento, posta em prática para vencer a capacidade de resistência de outrem, ou para demovê-lo da execução de um ato, ou para levá-lo a executá-lo, mesmo contra a sua própria vontade. É, igualmente, ato de força quando exercido contra as coisas, na intenção de violentá-las, devassá-las ou delas se apossar[1].

Para o autor Plácido Silva, em *Vocabulário jurídico*, a violência em relação às pessoas é dita "agressão". Em relação à propriedade, é "esbulho" ou "turbação". Em relação às coisas móveis, quando delas se apodera, é considerada "roubo". Dessa forma, a violência, seja ela material (força física, agressão), seja moral (ameaça, medo, intimidação), vicia ameaças graves e impressionantes, com força suficiente para induzir ou levar alguém à prática de ato, que não consentiria sem esse constrangimento ou essa coação. Vicia o consentimento porquanto ela suprime a vontade, sendo o violentado coagido a praticar um ato, ou a privar-se de determinada ação, pelo temor ou pelo perigo que a violência oferece[2].

A catedrática de psicologia evolutiva e da educação, da Universidade de Sevilha, Espanha, Rosario Ortega, considera a violência uma agressividade gratuita e cruel, que denigre e dana tanto o agressor como a vítima[3].

Pode-se dizer que há violência quando alguém, voluntariamente, usa da força para obrigar uma pessoa ou grupo a agir de forma contrária à sua vontade, ou quando alguém é impedido de agir de acordo com a sua própria intenção, ou, ainda, quando é privado de um bem[4].

"A violência é um artefato da cultura e não o seu artífice", afirma Jurandir Freire Costa. "É uma particularidade do viver social, um tipo de 'negociação', que através do emprego da força ou da agressividade visa encontrar soluções para conflitos que não se deixam resolver pelo diálogo e pela cooperação[5]."

O filósofo contemporâneo J. Galtung define a violência como algo evitável, que obstaculiza a auto-realização humana. O autor explica que as conseqüências da violência podem ser afetivas, somáticas e mentais[6].

Podemos sintetizar o fenômeno violência, reportando-nos ao livro *Mapa da violência: os jovens do Brasil*, escrito pelo Coordenador de Desenvolvimento Social da Unesco Brasil, Jacobo Waiselfisz, quando diz que os atos de violência apresentam-se hoje na consciência social não apenas como crimes, homicídios, roubos ou delinqüência, mas nas relações familiares, nas relações de gênero, na escola e nos diversos aspectos da vida social. Portanto, o autor não se refere à violência apenas quanto à sua manifestação física, mas também quanto às situações de humilhação, exclusão, ameaças, desrespeito, indiferença, omissão para com o outro. A violência, hoje, está estritamente ligada ao conceito de alteridade, expressando-se nas formas e mecanismos pelos quais a sociedade convive com as diferenças[7].

O termo *agressividade* também é polissêmico, sendo empregado em diversas situações e com sentidos diferentes. De acordo com o *Dicionário ilustrado Koogan/Houaiss*, é "a tendência a atacar, a provocar". Em psicologia, é "a forma de desequilíbrio psíquico que se traduz por uma hostilidade permanente diante de outrem"[8]. No *Dicionário Silva Bueno*, o termo *agressividade* é conceituado como "qualidade de agressivo, capacidade para agredir". Já o termo *agressivo* é definido como "ofensivo, que agride"; e o termo *agressão* como "ferimento, pancada, acometimento, provocação, insulto, ofensa"[9].

Geralmente os termos *agressividade* e *agressão* são utilizados como sinônimos, motivo pelo qual não podemos deixar de fazer referência à diferença existente entre ambos. Para a Associação Norte-Americana de Psiquiatria, a agressão se define como um comportamento repetitivo e persistente, que, na confrontação com a vítima, viola seus direitos. O termo *agressividade* é utilizado cotidianamente nas mais diversas partes do mundo, seja para expressar violência, seja para expressar coragem. Poderíamos caracterizar uma pessoa como agressiva a partir do seu esforço competitivo num jogo de tênis ou de futebol, ou de uma fala forte em uma reunião, ou da grande velocidade ao dirigir um carro, como também poderíamos classificar como agressiva a violência sangrenta de um assassino.

Portanto, considerando as diversas definições dadas pelos mais renomados autores, definimos *violência* como "todo ato, praticado de forma consciente ou inconsciente, que fere, magoa, constrange ou causa dano a qualquer membro da espécie humana".

Se, em nosso entendimento, violência é todo ato que fere, magoa, constrange ou causa dano a alguém, que critérios utilizamos comumente para qualificar um aluno como violento? Quais são os tipos mais comuns de violência que sofrem e praticam nossos alunos? Quais são os motivos que os conduzem ao comportamento violento?

É imprescindível que o profissional de educação, ao qualificar qualquer aluno como violento ou agressivo, considere os inúmeros fatores que recaem sobre suas relações interpessoais. Certas ocorrências, consideradas como "problemas de indisciplina", ou "brincadeiras próprias da idade", podem na verdade ser fonte causadora de grande sofrimento a muitos alunos, com prejuízos emocionais irreparáveis pelos traumas e seqüelas que causam ao seu aparelho psíquico e pelos prejuízos proporcionados ao seu desenvolvimento socioeducacional.

É comum que as vítimas do comportamento violento ou agressivo vivenciem sentimentos de medo, vergonha, raiva e impotência que rebaixam a auto-estima; e, sendo por um prolongado período de tempo expostas à ação dos seus agressores e aos olhares indiferentes, omissos ou desdenhosos dos seus "espectadores", é natural que mobilizem cadeias de construções de pensamentos, que estimulam reações como ansiedade, irritação, angústia, tristeza, melancolia, além de pensamentos de vingança e de suicídio. Tudo isso pode resultar em estresse, acompanhado de sintomatologias psicossomáticas como dor de cabeça, tontura, "branco", sudorese, resfriamento das extremidades, boca seca, náuseas, vômito, dor de barriga, diarréias, tremores, sensações de sufocação, dores no peito, taquicardia, respiração ofegante, nervosismo, agitação, cansaço, insônia, sonolência, pesadelos e outras reações, além de transtornos psicológicos graves que poderão eclodir a qualquer momento da vida sob as mais variadas formas de violência.

Ante as conseqüências provocadas pelo fenômeno da violência, acreditamos ser inadmissível que nos dias atuais, com tamanha evolução tecnológica e acesso aos seus recursos nas mais diversas áreas de atuação em todos os campos, um aluno sofra e se torne infeliz na escola. Se alguns alunos estão em sofrimento profundo, temos nossa parcela de responsabilidade, seja por falta de conhecimento, seja por omissão ou até mesmo conivência. Dessa forma, deve ser responsabilidade do profissional de educação identificar as diversas formas de violência que os alunos possam estar enfrentando silenciosamente para, assim, poder ajudá-los.

De acordo com a opinião de alguns estudiosos sobre a violência escolar, fizemos uma classificação das diversas formas de violência e de suas principais conseqüências, com o objetivo de distinguir entre atos de violência e atos de indisciplina, visto que muitos de nós, profissionais de educação, os confundimos, pois a nossa maneira de olhar para o mundo social das crianças e dos adolescentes é um pouco superficial, além de preconceituosa. É necessário aprendermos a distinguir os comportamentos violentos das más relações escolares, ainda que haja entre eles algumas semelhanças.

As más relações são problemas mais generalizados, porém menos intensos, que surgem com a indisciplina ou com o mau comportamento dos alunos. Não deixam de perturbar o bom andamento das atividades escolares, entretanto não podem ser consideradas como violência. Os atos de indisciplina são comportamentos que vão contra as normas da escola e estão previstos no Regimento Interno Escolar. Diversos termos são utilizados para designar esses comportamentos indesejáveis nas escolas: *disrupción*, "perturbação, interrupção nas aulas ou no aprendizado", e *disaffection*, "desinteresse pelas aulas ou pelo ensino". Já os atos de violência ou agressividade dos alunos acontecem com grande freqüência, porém nem sempre são identificados pelos professores e podem tomar a forma explícita ou velada, como podemos conferir na classificação a seguir:

- **Quanto ao grau:**
  - violência simples ou pontual: aquela em que um ou mais agressores atacam esporadicamente uma vítima, motivados por um desentendimento que acaba gerando um conflito;
  - violência complexa ou freqüente: aquela em que um ou mais agressores atacam habitual e repetidamente uma mesma vítima, sem motivação evidente (*bullying*).
- **Quanto à forma:**
  - violência direta: contra as pessoas, interpessoal;
  - violência indireta: contra utensílios, bens ou patrimônios (destroços ou vandalismo, furtos);
  - violência implícita, velada;
  - violência explícita, identificada.
- **Quanto ao tipo de violência:**
  - violência física e sexual;
  - violência verbal;
  - violência psicológica;
  - violência fatal.

- **Quanto ao nível:**
  - discentes;
  - docentes;
  - funcionários;
  - pais;
  - instituição.
- **Quanto às dimensões:**
  - violência no interior da escola (nas relações interpessoais; "microviolências", furtos, uso e tráfico de armas e drogas);
  - violência no entorno da escola (nas relações interpessoais, uso e tráfico de drogas e armas);
  - violência da escola (institucional e simbólica; disciplinarização dos corpos e das mentes, métodos de ensino, relação da comunidade escolar e desesperança quanto ao papel da escola).
- **Quanto às determinantes:**
  - fatores biológicos;
  - fatores pessoais;
  - fatores familiares;
  - fatores sociais;
  - fatores cognitivos;
  - fatores ambientais.
- **Quanto às conseqüências da violência:**
  - no corpo discente:
    - ✓ *disrupción*
    - ✓ *disaffection*
    - ✓ absentismo (falta de assistência às aulas)
    - ✓ problemas somáticos e psicológicos (ansiedade, tédio, depressão)
    - ✓ desencanto pela escola
    - ✓ queda do rendimento escolar
    - ✓ falta de perspectiva de futuro melhor via educação

- queda da auto-estima
- evasão escolar
- retenção escolar
- descrença no poder público

\- no corpo docente e no quadro de funcionários:

- desesperança e desencanto pela profissão
- absentismo
- descrença no sistema educacional
- queda da auto-estima
- problemas somáticos e psicológicos
- síndrome de Burnout (problemas relativos ao estresse profissional)[10]
- descrença no poder público

\- na família e na sociedade

- falta de perspectiva de futuro melhor via educação
- desvalorização do ensino
- descrença no sistema educacional
- descrença no poder público

A agressividade humana

A psicologia sempre se interessou em compreender a natureza da agressividade humana e tem sugerido inúmeras tentativas para explicá-la. Desde o tratamento naturalista até o enfoque profundo da psicanálise, as teorias psicológicas têm contribuído para desenvolver crenças sobre o comportamento agressivo, e, ainda, muitas das informações científicas que sustentam essas crenças são suscetíveis de revisão, enquanto boa parte nos permite refletir sobre esse complexo assunto para termos uma posição sensata sobre a agressividade. Entretanto, para tentarmos entender quais são as determinantes da conduta violenta na escola, é necessário voltarmos nossa atenção para a agressividade do ser humano, sendo este o ponto de discussão entre as mais variadas teorias: instinto ou aprendizagem?

Ao discutirmos sobre o sentido do instinto da agressividade, esclarecemos que existe uma série muito ampla de pontos de vista, respaldados por teorias gerais que diferem tanto em suas concepções básicas como em seus métodos e conclusões. É claro que o tema agressividade, estudado desde as distintas perspectivas teóricas, tem gerado um intenso debate. Entretanto, para facilitar nosso entendimento, podem-se agrupar as diversas teorias explicativas em dois grupos:

- **teorias ativas:** aquelas que defendem a agressividade como impulsos internos e inatos. A agressividade seria algo próprio da espécie humana e, portanto, impossível de evitar;

- **teorias reativas:** aquelas que defendem que a agressividade tem influência ambiental. A agressividade seria uma reação aprendida no ambiente.

Segundo os especialistas no assunto, no homem, como nos demais animais, existe um substrato psicológico que, quando estimulado convenientemente, suscita sentimentos subjetivos de ira, além de mudanças físicas que preparam seu corpo para a luta. Esse mecanismo desenvolve-se facilmente e, como outras respostas emocionais, é estereotipado de forma quase mecânica e repetitiva. Estudos neuropsicológicos descrevem que são inúmeras as mudanças fisiológicas que uma pessoa sofre quando desenvolve a ira: desde o aumento do número de pulsações da pressão arterial até a elevação do nível de glicose no sangue, aceleração da respiração e contração e tensão dos músculos.

Segundo os estudiosos, o sentimento de ira é desenvolvido no hipotálamo, região do encéfalo, localizado na base do crânio. As conseqüências fisiológicas e as mudanças que acarretam a ira tendem a persistir durante algum tempo, mesmo que os sentimentos de ameaça, dor ou frustração tenham desaparecido. Assim, o sujeito demora algum tempo para voltar à calma. Uma vez que o componente agressivo da conduta humana é generalizável a toda a espécie, caberia situá-lo no plano dos instintos. Entretanto, sua primeira controvérsia gira em torno de sua existência real ou não.

Geralmente, as escolas que defendem a agressividade como comportamento instintivo são a psicanálise e a etologia (ciência dos costumes). Como criador da psicanálise, Freud concluiu suas concepções baseado nos desvios do impulso sexual (libido) e na postulação de um instinto de morte (tânatos). Lorenz, principal representante da escola etológica, descreve quatro pulsões básicas que fazem com que o instinto se transforme em uma espécie de necessidade basicamente biológica para a preservação da espécie: fome, sexualidade, agressividade e medo.

As teorias biológicas de Freud e Lorenz deram origem às concepções mais naturalistas, e assim surgiu a tese da agressividade como resposta à frustração, de maneira que descarta a idéia do homem como ser agressivo por natureza e aceita a agressividade como conseqüência de experiências frustrantes. Essa concepção conclui que a criança é potencialmente agressiva desde o seu nascimento; portanto a agressividade é inata e, ante uma frustração provocada pelo meio, ela é ativada.

Os naturalistas ou ambientalistas defendem a idéia da origem da agressividade como conseqüência direta de uma frustração. Para eles uma conduta agressiva só tem expressão se produzida por uma frustração. Já o teórico Bandura e seus colaboradores defendem a idéia da agressividade como aprendizagem social, sendo esta um meio para conseguir certos objetivos. Quando estimulada a agressividade por mecanismos de imitação, modelo e reforço, ela passa a formar parte da auto-regulação interna dos padrões de conduta por meio de processos de valoração moral e antecipação dos efeitos e, portanto, com um caráter aprendido.

Bandura e Walters, em seu livro intitulado *Agresión en adolescentes*[11], afirmam que não é necessário existir uma frustração para que se desenvolvam comportamentos qualificados como agressivos. Assim, na etapa de desenvolvimento, proporcionam-se às crianças muitas oportunidades de adquirir respostas de alta magnitude em situações não-frustrantes. Tais respostas podem permanecer relativamente altas dentro de sua hierarquia de respostas e, portanto, poderiam ser rapidamente mobilizadas para afrontar as distintas situações que têm sido classificadas como frustrantes.

A idéia de que uma conduta agressiva é gerada pela frustração fez com que Miller[12] postulasse que toda frustração, invariavelmente, instiga uma agressão. Entretanto, para que essa instigação se traduza em um ato patente de agressividade, depende da sua força coercitiva sobre o sujeito, assim como do repertório que o sujeito adquire para lidar com as frustrações em seu processo de socialização. Dessa forma o indivíduo aprende desde cedo a moderar e a reprimir as respostas agressivas abertas – não que estas fiquem anuladas ou desapareçam; ao contrário, a agressividade represada é canalizada para uma extensa gama de comportamentos.

O naturalismo acredita que a pessoa tem uma personalidade unitária e que não existem impulsos, nem instintos básicos, nem um ambiente determinante da personalidade, e que a origem do fenômeno agressivo se encontra na debilidade, na instabilidade e na perda do amor-próprio do indivíduo que, tentando recuperá-lo, se torna agressivo.

Um outro aspecto muito discutido sobre a conduta agressiva: é ou não hereditária? Analisando a agressividade quanto à possibilidade de transmissão genética, sabe-se que a base de qualquer característica tem seu fundamento íntimo nos genes. Parece quase unânime a negação da herança genética da agressividade. Não existe base experimental que permita afirmar que as características da conduta agressiva possam se transmitir de geração em geração. Ao contrário, pode-se dizer que determinadas características hereditárias predispõem à agressividade. Fatores tais como a força física e a idiossincrasia hormonal são mostras desse tipo de predisposições.

A síndrome cromossomática é uma característica hereditária que parecia produzir indivíduos especialmente agressivos (supermacho, indivíduos que possuem um cromossomo X e dois cromossomos Y). Essa síndrome foi descoberta em meados do século XX e acreditou-se ser uma das causas que explicavam uma boa parte da delinqüência violenta. Entretanto, não é comprovado o estabelecimento de uma relação casual entre essa síndrome e a conduta agressiva. O que se sabe é que a constituição genética desses indivíduos superdotados, quanto à altura e à musculatura, os torna socialmente predispostos à agressividade.

A ação dos hormônios também é uma das justificativas para a agressividade, especialmente entre os adolescentes. Assim sendo, a adrenalina é um dos principais hormônios segregados na preparação para a agressão, uma vez que sua passagem para a corrente sangüínea, devido a sinais do sistema nervoso simpático, produz um aceleramento fisiológico que prepara o indivíduo para agir de forma agressiva ou violenta.

Para alguns estudiosos, o fenômeno da agressividade se explica como o balanço entre a adrenalina e a noradrenalina. De acordo com o teórico Mackal[13], a noradrenalina está fortemente correlacionada com a cólera dirigida para fora, enquanto que a adrenalina está correlacionada com a cólera dirigida para dentro ou para a ansiedade. A cólera dirigida para fora pode produzir nos sujeitos a resposta em forma de agressividade. Portanto, os tipos principais de agressividade, ativa ou passiva, ficam quase que completamente explicados.

Entretanto, para alguns investigadores experimentais não existe causalidade entre a secreção hormonal e o comportamento agressivo. Os efeitos dos hormônios são sempre múltiplos e não determinam necessariamente nenhuma conduta humana concreta. Para outros investigadores, a relação entre os fenômenos sexualidade e a agressividade é sugerida na observação de diferentes espécies animais, por suas condutas durante os ciclos sexuais. Por exemplo, a luta entre machos no cortejo da fêmea ou a agressividade mostrada na defesa do filhote são algumas condutas utilizadas como apoio a essa teoria. Várias experiências de inoculação de hormônio sexual masculino (testosterona) foram realizadas em espécies distintas de animais. Em geral, ainda que em um primeiro momento os resultados pareçam mostrar uma relação causal entre a aplicação do hormônio e a aparição de condutas agressivas, mais tarde se demonstrou como a agressividade induzida desse modo dependia do momento da inoculação, da aprendizagem anterior e do contexto físico e social.

Indiscutivelmente, cada teoria nos apresenta uma visão parcial do que seja o comportamento agressivo; contudo, encontramos na teoria da inteligência multifocal, desenvolvida pelo psiquiatra Augusto Cury, subsídios que nos fizeram compreender melhor o comportamento agressivo, a partir do conhecimento dos papéis que a memória desempenha, da construção das cadeias de pensamentos e das reações emocionais oriundas dessas construções. Essa teoria muito nos ajuda em nossos estudos, pois se propõe explicar como ocorrem inconscientemente na memória os registros das experiências vivenciadas pelo indivíduo desde a vida intra-uterina até a sua morte, registrando-as involuntária e automaticamente ao longo da vida, priorizando o resgate daquelas que foram registradas com maior carga emocional. Explica como esses registros são arquivados e como são resgatados por meio dos fenômenos psíquicos inconscientes; como ocorrem as leituras inconscientes da história intrapsíquica, determinantes da formação do "eu"; como ocorrem os processos de construção das cadeias de pensamentos e do desenvolvimento da inteligência, favorecendo com isso a compreensão das possíveis variáveis ligadas ao comportamento agressivo. Para Augusto Cury, a consciência do "eu" se dá a partir do arcabouço das memórias registradas ao longo da vida, criando zonas de registros que poderão, em determinados momentos, "ancorar" os pensamentos a um tipo de emoção, fazendo com que o "eu" se torne fragilizado e escravizado a construções de pensamentos negativos, os quais não encontram outra forma de expressão a não ser pelo comportamento agressivo. Apresenta a habilidade de gerenciamento do "eu" como forma adequada de promover as mudanças necessárias, a fim de que o indivíduo se torne agente transformador de sua própria história atual, favorecendo, com isso, mudanças de comportamento que incidirão na mudança de sua própria personalidade[14].

Concluímos lembrando que o comportamento agressivo surge como resultado de uma elaboração afetivo-cognitiva, fruto das experiências vivenciadas pelo indivíduo, que se torna motivadora de processos inconscientes capazes de atribuição de valores e ressignificação de conteúdos à realidade, originando condutas e sentimentos de ira que, uma vez estimulados, alimentam e sustentam a conduta agressiva, fugindo muitas vezes ao controle voluntário do indivíduo, por ter sido condicionado a utilizá-la como forma de resolução de conflitos e de satisfação dos seus desejos de realização pessoal.

Determinantes do comportamento agressivo ou violento na escola

Não nos propomos aqui aprofundar esse tema, mas sim fornecer aos leitores e estudiosos do assunto subsídios teóricos, diretrizes que possam auxiliar no desenvolvimento de estudos e pesquisas a partir do levantamento que fazemos sobre as suas possíveis causas. Nós nos propomos apresentar, de forma sintetizada, os fatores que determinam as possíveis causas do comportamento violento, intimidatório e cruel protagonizados pelos mais diversos tipos de interações que compõem o cenário e se desenvolvem no palco escolar.

O comportamento agressivo ou violento nas escolas é hoje o fenômeno social mais complexo e difícil de compreender, por afetar a sociedade como um todo, atingindo diretamente as crianças de todas as idades, em todas as escolas do país e do mundo. Sabemos ser o fenômeno resultante de inúmeros fatores, tanto externos como internos à escola, caracterizados pelos tipos de interações sociais, familiares, socioeducacionais e pelas expressões comportamentais agressivas manifestadas nas relações interpessoais.

Os fatores externos são decisivos na formação da personalidade do aluno, pela influência que recebe no seu contexto familiar, social e pelos meios de comunicação. A escola não dispõe de recursos e de meios para impedir a influência dos fatores externos sobre a vida de seus alunos, entretanto, torna-se alvo de muitos casos de violência, praticados em decorrência desses fatores que não estão sob seu controle. Os fatores externos, segundo Abramoway, "referem-se a explicações de ordem socioeconômica, ao agravamento das exclusões sociais, raciais e de gênero, à perda de referencial entre os jovens, ao surgimento de 'galeras', 'gangues', 'tráfico de drogas', desestruturação familiar, à perda de espaços de sociabilidade"[15].

Quanto aos fatores internos, podemos classificá-los em três categorias: o clima escolar, as relações interpessoais e as características individuais de cada membro da comunidade escolar.

Entendemos que a escola tem o dever de prevenir o fenômeno violência que se desenvolve em seu contexto, e de intervir impedindo a sua proliferação. Entretanto, para que isso aconteça, seus profissionais devem ser capacitados para atuar na melhoria do ambiente escolar e das relações interpessoais, promovendo a solidariedade, a tolerância e o respeito às características individuais, utilizando estratégias adequadas à realidade educacional que envolvam toda a comunidade escolar.

Os cursos de graduação devem focar sua atenção na necessidade de prevenção à violência. Para isso, devem oferecer aos futuros profissionais de educação os recursos psicopedagógicos específicos que os habilitem a uma atuação eficaz em seus locais de trabalho para que eles utilizem metodologias estimuladoras do diálogo como forma de resolução de conflitos; que promovam a solidariedade e a cooperação entre os alunos, criando com isso um ambiente emocional que incentive a aceitação e o respeito às diferenças inerentes a cada indivíduo; que promovam a tolerância nas relações interpessoais e socioeducacionais, proporcionando assim a construção de um ambiente alegre e criativo, resultando na melhoria do processo ensino-aprendizagem.

Fatores externos à escola

Contexto social - Os grandes problemas da sociedade atual, como a pobreza e o desemprego, responsáveis pela desigualdade social, favorecem um ambiente de agressividade, delinqüência e atitudes anti-sociais. Para Mahatma Gandhi, "a pobreza é a pior forma de violência". Ela está expressa no quadro da miséria, na má distribuição de renda, nos baixos salários, na exploração dos trabalhadores, nas crianças de rua trabalhando indevidamente – e, muitas vezes, prostituindo-se, drogando-se, traficando, roubando e mendigando –, na falta de condições mínimas para uma vida digna (moradia, alimentação e saneamento básico), na precária assistência em educação e saúde. A própria estrutura social e seus princípios competitivos contrastam com a situação de desemprego e com o desenvolvimento pessoal do jovem, propiciando comportamentos agressivos e violentos.

O psicopedagogo Berkowitz, em seu trabalho *El niño problema, diagnóstico y tratamiento psicoeducacional en el aula*, aborda estudos que demonstram como a competitividade aumenta o grau de agressividade. Para ele, talvez a solução fosse eliminar a concorrência e reformar a sociedade. Assim se evitaria que se produzissem frustrações e, conseqüentemente, a agressividade[16].

Para alguns pesquisadores, a causa da violência decorre do desemprego, que causa a exclusão do ser humano em todos os níveis sociais. A exclusão social, principalmente a da infância e da juventude, é uma das causas que fazem com que prolifere a violência, pois, uma vez excluídos do convívio social, os jovens não encontram outra alternativa senão a da violência – uma forma de mostrar que existem e que também fazem parte do mesmo contexto social. Para outros, o crescimento da violência também está associado ao agravamento da crise econômica que substitui as oportunidades legais de trabalho pelas ilegais, como o tráfico de drogas e armas.

Meios de comunicação - A influência dos meios de comunicação no cotidiano das pessoas vem crescendo neste mundo pós-moderno. Namoros e relações sexuais virtuais, canais exclusivos para as diferentes opções sexuais, *videogames*, computadores... "O virtual torna-se cada vez mais real, não somente no mundo interno, mas no mundo imaginário[17]." Os meios de comunicação, em especial o televisivo, vêm sendo questionados por contribuir para o aumento da agressividade, principalmente entre as crianças. "A televisão atua sobre a opinião pública e tem papel de formadora de consciência, orientadora de conduta e deformadora da realidade[18]."

Segundo estudos da psicanalista infantil Raquel Soifer[19] e do psiquiatra da infância e da adolescência David Léo Levisky[20], a televisão interfere prejudicialmente no comportamento da criança e do adolescente, desencadeando patologias nas quais o psiquismo pode ser severamente comprometido. Existe uma grande relação entre a televisão e a construção da identidade e do comportamento não só dos adolescentes, mas de toda a sociedade. Os programas televisivos incumbidos de seduzir, principalmente o público jovem, mostrando o comportamento humano e despertando o voyeurismo, atualmente são os modelos de identificação oferecidos pela mídia. São veiculadas idéias agressivas e destrutivas nos filmes, nos jogos de *videogames* e de computadores, em que a violência é vista como algo imediato, cotidiano e freqüente. Os mais violentos têm a capacidade de ganhar e sobressair-se entre os demais. As crianças e os adolescentes tendem a ver na agressividade e na violência estratégias de resolução de problemas, desconsiderando o diálogo como recurso eficaz.

Estudos demonstram que os modelos televisivos violentos exercem nas crianças uma notável influência quanto à imitação, inclusive com correlatos entre a visão de violência televisiva na infância e o desenvolvimento de condutas agressivas na adolescência.

De acordo com Marcuse, em sua obra *La agresividad en la sociedad industrial avanzada*, os programas televisivos mostram a brutalização da linguagem e da imagem com a exibição de cenas de assassinatos, incêndios, envenenamentos e torturas em um estilo natural, objetivo e às vezes humorístico, associando essas cenas violentas com façanhas de delinqüência juvenil, campeonatos de futebol, acidentes, noticiários e com o homem do tempo. "Já não se trata do heroísmo clássico do assassinato em favor de interesses nacionais, senão de sua redução ao nível de sucessos e contingências normais na vida cotidiana[21]."

Segundo o pensamento de Isabel Fernández, "a televisão tem dever moral para com os espectadores porque ela é atualmente o veículo provedor de informação e transmissor de valores, presente em todos os lares"[22]. Afirma ainda a autora que esse veículo de comunicação promove os fatos violentos até convertê-los em cotidianos e mantém um modelo passivo da violência como meio de resolver conflitos e adquirir o poder. O tema *televisão*, como instrumento de manipulação da vida das pessoas, vem sendo nos últimos tempos debatido nas mais diversas sociedades. A proliferação da denominada "telelixo" ou "telessujeira" são os termos usados pela referida autora para referir-se às programações nas quais se recontam e se alienam as misérias humanas. Essas programações estão criando, por um lado, a passividade e a permissividade de condutas indignas de qualquer ser humano e, por outro lado, um alerta aos possíveis horrores que podem suceder. Isso tem sido percebido e vivido por nossos jovens, alterando sua consciência moral.

Para Mariz de Oliveira, ex-presidente da Ordem dos Advogados do Brasil em São Paulo, "a televisão enfraquece os freios inibitórios e com isso colabora para o aumento da criminalidade"[23]. Segundo o advogado, infelizmente a nossa televisão assumiu um papel predador, na medida em que só se preocupa com a conquista de audiência e com o faturamento, rejeitando os compromissos com a construção de uma sociedade melhor.

Num estudo do pesquisador em comunicação Waderes Lima de Brito, desenvolvido com pais analfabetos e pais intelectuais, os resultados acusaram, de forma unânime, a telenovela como arquiinimiga da moral e dos bons costumes. Segundo eles, as novelas desestruturam a família, dão maus exemplos através das exageradas cenas de sexo, namoro e pornografia, além de estimularem a juventude para o consumismo e para o imediatismo. Segundo o pesquisador, a causa principal para tanta hostilidade com a mídia reside no fato de que ela se constitui num poderoso adversário ao trabalho educador dos pais[24].

Ante as diversas opiniões apresentadas, perguntamo-nos: será que não chegou o momento de refletirmos até que ponto o comportamento de nossas crianças e jovens está sendo influenciado pelos meios de comunicação? Com quais modelos estão se identificando: com os "vilões" da telenovela, com os "sarados" ou com as "gostosas" das gaiolas humanas? Ou, ainda, com os "traficantes" ou com os "seqüestradores" que nos são apresentados, agindo às vezes "heroicamente" em suas tentativas de fugas e nas artimanhas que usam para se desvencilharem da Justiça?

Nesse sentido, a preocupação com os efeitos causados pela mídia e pelo erotismo em crianças e adolescentes é mundial. Nos Estados Unidos, estudos constataram que um grande número de jovens se mostra cada vez mais insensível à violência, à dor, ao sofrimento e aos danos físicos e morais causados ao outro. Sabemos que algumas propostas estão sendo oferecidas para combater a exibição de cenas de violência e sexo nos programas televisivos. Foi elaborado um projeto de lei tornando obrigatória a apresentação de programação educativa durante três horas por semana nas emissoras comerciais.

No Brasil, algumas emissoras têm exibido inúmeros programas educativos, produzidos de acordo com princípios que os tornam exemplos concretos e viáveis de propostas diferenciadas para o espectador, especialmente para o público infanto-juvenil. Entretanto, pensemos: não seria responsabilidade da família observar o conteúdo a que os filhos estão assistindo? Não deveria a família orientar, de forma que a mídia não exerça influência negativa em seus comportamentos?

Família - Infelizmente, o comportamento violento e agressivo que um aluno apresenta na escola, provocando sofrimentos a muitos outros – de forma velada ou não –, tem sua origem, dentre outros fatores, no modelo educativo familiar de acordo com o qual foi criado. Tal modelo caracteriza-se como causador do comportamento agressivo ou violento, devido ao tipo de estimulação a que ele foi exposto desde pequeno; pela forma de convivência predominante em sua família; pela maneira como foi ensinado a obter prazer e satisfação dos seus desejos; conforme a qualidade da carga emocional desprendida pelos progenitores nos vários momentos em que ele sofreu correção; pelos tipos de olhar, expressão fisionômica e postura corporal de intimidação utilizados quando ele foi confrontado com desaprovação por suas atitudes; pelo tom de voz com que foi ameaçado; pelos castigos físicos, desferidos com raiva, por aqueles que deveriam amá-lo; pela maneira como seus "defeitos" ou "incompetências" foram apontados, por meio de comparações e xingamentos; pelo descaso com que foi tratado quando procurou se expressar perante os pais, em algum momento considerado por eles "inconveniente" por estarem ocupados, ou vendo TV, ou estressados, após o trabalho; enfim, pela maneira como aprendeu a lidar consigo mesmo e com as suas emoções.

É no ambiente familiar que a criança aprende ou deveria aprender a relacionar-se com as pessoas, respeitar e valorizar as diferenças individuais, desenvolver a empatia e adotar métodos não-violentos de lidar com seus próprios sentimentos e emoções e com os conflitos surgidos nas relações interpessoais. Portanto, é nesse contexto que a criança deveria aprender a criar mecanismos de defesa e de auto-superação e desenvolver atitudes e valores humanistas que a estruturem psicologicamente e norteiem seu desenvolvimento social.

Sendo a família o modelo primeiro de socialização, ela deveria constituir um modelo positivo para a criança, uma vez que o registro de suas primeiras experiências emocionais surge da relação de afeto com as figuras materna e paterna, formando matrizes psíquicas que determinarão sua visão de mundo e de si mesma. A partir dessas primeiras experiências é que ocorre a introjeção dos modelos de identificação, decisivos no desenvolvimento de seu processo socioeducacional. Entretanto, quando esses modelos de identificação se fixam em aspectos negativos, podem atuar como "vírus psíquicos", tornando-se fonte geradora de condutas agressivas ou violentas, comprometendo todo o seu desenvolvimento socioeducacional.

A relação afetiva entre pais e filho repercute na formação da personalidade do indivíduo. Um bom relacionamento afetivo, em que o carinho e o amor se evidenciam no trato com a criança, criará registros altamente positivos em sua memória, fortalecendo a autoestima e a autoconfiança. Por outro lado, um relacionamento marcado pela falta de afetividade positiva e pelos maus-tratos físicos ou verbais influenciará o indivíduo, determinando seu desempenho social e sua capacidade de adaptação às normas de convivência, bem como sua habilidade de integração social. Portanto, as raízes do comportamento agressivo estão fincadas na infância, sendo o modelo de identificação familiar o elemento fundamental para a sua compreensão.

Dentre os fatores familiares que contribuem para a conduta agressiva das crianças e dos adolescentes, podemos citar:

- **os maus-tratos e o modelo educativo familiar:** a criança aprende a resolver os seus conflitos pelo emprego das diversas formas de violência; aprende que o poder será exercido pelo mais forte, com falta de negociação e de diálogo; ou não aprende a desenvolver habilidades de defesa, assumindo postura frágil e submissa;

- **métodos educativos ambíguos:** práticas educativas excessivamente laxas, ou inconsistentes, ou restritivas e, em alguns casos, excessivamente punitivas;

- **desestruturação familiar:** marcada pela ausência de um dos genitores ou pela falta de bom entendimento afetivo entre os cônjuges e seus filhos, devido à ausência de segurança e carinho;

- **falta de tempo para os filhos:** os pais se vêem obrigados a trabalhar cada vez mais para manter a família, e o pouco tempo de que dispõem não é destinado ao suprimento das necessidades afetivas de seus familiares, mas à televisão, nutrindo com isso a falsa sensação de estarem informados.

De acordo com a autora espanhola Fuensanta Cerezo[25], os fatores responsáveis pela maior incidência no desenvolvimento de condutas agressivas nas crianças são os relativos às práticas de agressividade sofridas na primeira infância, especialmente os castigos físicos. Pensa-se que pais agressivos formam filhos agressivos, porém as influências dos pais são mais complexas e profundas. Poucos são os pais que educam, conscientemente, seus filhos para serem agressivos ou violentos. Entretanto, não são poucos os pais que incentivam seus filhos a resolverem seus conflitos recorrendo à violência. Ainda segundo a autora, referindo-se aos estudos desenvolvidos pelo pesquisador Feshbach, não há nenhuma outra variável que tenha tão forte relação com o desenvolvimento da conduta agressiva como o emprego do castigo. A incidência da conduta agressiva está estreitamente relacionada com o tipo de castigo; primeiro, o castigo físico; depois, o verbal.

Em trabalhos desenvolvidos por pesquisadores que observaram as condutas disciplinares utilizadas pelos pais, constatou-se que o castigo por meio de maus-tratos verbais pode provocar resposta agressiva mais intensa do que quando o indivíduo é frustrado na realização de tarefas. Dessa forma, a punição, seja por meio de castigo, seja por meio de qualquer outra forma de maus-tratos, desenvolve condutas agressivas mais intensas do que as experiências frustrantes poderiam provocar. Indivíduos que foram punidos com castigos físicos tendem a reproduzir a punição futuramente sobre seus filhos, segundo a literatura psicológica. A esse processo dá-se o nome de ciclo de abusos. A existência desse ciclo foi identificada por várias pesquisas longitudinais, que demonstraram haver correlação entre ter sido vítima de punição corporal na infância e manifestação de comportamento agressivo no futuro. O modelo explicativo desse processo seria o da aprendizagem social. Ao sofrer castigo físico, a criança aprende um repertório de comportamentos agressivos.

Miller[26], revisando os modelos que tentam explicar a relação entre a punição e o desenvolvimento de comportamentos agressivos em crianças e adultos, constatou que não se trata apenas de um tipo perverso de comportamento por meio do qual as crianças hiperativas provocariam, com maior freqüência, as punições, mas trata-se de um processo em que a punição é a causadora dos comportamentos agressivos.

O comportamento agressivo e violento de muitos pais para com os filhos geralmente se expressa pela punição ou violência física (bater, beliscar, empurrar, chutar) e pela violência psicológica (xingar, humilhar, agredir com palavras, desfazer, comparar, caçoar). Entretanto, outras formas de violência como o abandono, a negligência, a violência sexual e a violência fatal são componentes da violência doméstica, e suas conseqüências são extremamente perniciosas na vida de uma criança.

Segundo o Laboratório de Estudos da Criança (LACRI), ligado ao Departamento de Psicologia da Universidade de São Paulo, a violência doméstica é interpessoal, ocorre pelo abuso do poder disciplinador e coercitivo dos pais ou responsáveis, podendo se prolongar por vários meses ou anos. É um processo em que a vítima é reduzida à condição de objeto de tratamento abusivo, violando seus direitos essenciais. É uma negação dos valores humanos fundamentais como a vida, a liberdade e a segurança.

Em São Paulo, de acordo com o Serviço de Advocacia da Criança (SAC), ligado à Ordem dos Advogados do Brasil, os pais são os principais protagonizadores da violência contra os filhos até 18 anos. O lar é o palco maior onde sofrem as vítimas das mais diversas formas de agressões. O grande número de agressões desferidas contra crianças e adolescentes esbarra na lei do silêncio pelos seguintes motivos: medo de que o agressor fique ainda mais violento se souber que seu crime foi denunciado; vergonha de expor os problemas familiares; falta de informação quanto a quem recorrer em tais circunstâncias e quais procedimentos devem ser adotados; dependência financeira; e vínculo afetivo com o agressor.

Ainda segundo o LACRI, é controvertida a literatura referente aos atos considerados como violência. Para alguns pesquisadores, desde uma simples palmada no bumbum até as agressões com armas brancas e de fogo ou instrumentos (pau, barra de ferro, taco de bilhar, chinelos, cintos) e a imposição de queimaduras, socos, pontapés, beliscões, puxões de cabelos e de orelhas são manifestações de violência. Cada pesquisador inclui, em seu estudo, métodos que considera violentos no processo educativo entre pais e filhos, embora haja ponderações científicas recentes evidenciando que a violência deve se relacionar a qualquer ato disciplinar que atinja o corpo de uma criança ou adolescente.

Dentre as práticas de violência evidenciadas pelos estudiosos desse assunto, a violência psicológica é considerada a mais comum, porém a mais difícil de ser reconhecida. Acreditamos que essa dificuldade de reconhecimento ocorre porque, muitas vezes, essa forma de violência se confunde com "estratégias psicopedagógicas" adotadas por alguns pais. Essas estratégias consistem em criticar depreciativamente seus filhos, estabelecer comparações com outros, chamar-lhes a atenção ou corrigi-los publicamente, exigir tarefas incompatíveis com suas forças físicas ou psicológicas, ridicularizá-los, apelidá-los, ameaçá-los ou chantegeá-los, acreditando ser essa a melhor forma de forçá-los a assumir suas responsabilidades ou a dar o melhor de si tanto na escola como na prática de esportes ou até mesmo nos relacionamentos.

Diz-se que há violência psicológica quando adultos depreciam constantemente crianças, bloqueando seus esforços de auto-aceitação, resultando em enormes prejuízos emocionais. Considera-se também violência psicológica a atitude ameaçadora de abandono, uma vez que causa sofrimentos, medos e ansiedades, sendo fonte geradora de estresse. A violência psicológica compromete a estrutura psíquica da criança, uma vez que esta se sente desvalorizada, desprotegida, não-aceita e não-amada, percebendo-se rejeitada por aqueles que são significativos em sua vida. Esse sentimento de rejeição compromete o desenvolvimento de sua auto-estima e o poder de auto-superação, uma vez que está arraigada em seu inconsciente devido aos inúmeros registros negativos que ficaram impressos em sua memória, com tendência a reproduzir tais situações de abuso em outros relacionamentos.

Muitos se tornam abusadores, "repetindo" na escola, contra os colegas, ou em casa, contra os irmãos menores, aquilo que sofreram. Outros, quando chegam à idade adulta, reproduzem os abusos contra filhos ou cônjuge, ou, no local de trabalho, contra subordinados ou colegas. Outros, ainda, não reproduzem as experiências traumáticas experimentadas, mas represam os sentimentos de impotência, raiva e revolta, "psicoadaptando-se" ao sofrimento, assumindo posturas passivas, frágeis e submissas, com tendência a tornarem-se bodes expiatórios por não terem adquirido habilidades de defesa e de assertividade.

Um outro tipo de violência psicológica é o isolamento ou a exclusão social da criança ou do jovem, impedindo-os de terem amigos e de participarem de atividades próprias para a sua idade. A atitude de isolar uma criança, muitas vezes, está relacionada com outra forma de abuso que é a exigência ou a criação de expectativas superiores às possibilidades de respostas da criança. Assim, ela é proibida de brincar ou de se divertir porque parte do seu tempo deve ser utilizado nos estudos, nos deveres domésticos, na prática exagerada de alguma modalidade esportiva ou até mesmo no trabalho. Ela se sente, então, pressionada, incompetente, sobretudo impotente, porque nunca consegue satisfazer as expectativas que, muitas vezes, não são suas, mas dos próprios pais.

Ainda segundo o LACRI, o abuso psicológico também inclui as atitudes de terrorismo que muitos pais adotam para ser obedecidos. Essas atitudes se manifestam por meio da instalação de um clima de medo, de constantes ameaças, chantagens ou castigos assustadores, e suas conseqüências são muito prejudiciais, uma vez que na criança surge o sentimento de que ela vive num mundo hostil e perigoso e nele não existe nada e ninguém em quem possa confiar. Muitas dessas crianças, na idade adulta, passam a adotar comportamentos violentos para se defenderem.

A violência psicológica também se manifesta no ato de ignorar a criança ou o jovem, desvalorizando a sua existência, deixando-os à margem, sem proporcionar-lhes estímulos para o seu desenvolvimento intelectual e emocional. Existem pais que só prestam atenção nos filhos quando estes fazem algo que os decepciona, ou seja, quando fazem algo de errado.

A corrupção, uma outra forma de violência psicológica, diz respeito às condutas que induzem crianças e jovens a se prostituírem, a usar ou comercializar drogas e armas, enfim, a participar do mundo do crime. Nesses casos, a socialização do indivíduo fica completamente prejudicada, o que possibilita o desenvolvimento de atitudes violentas.

Outras formas de violência psicológica são o abandono e a negligência. Caracteriza-se como abandono a ausência de pessoas responsáveis pelos cuidados da criança ou do jovem, expondo-os às diversas situações de riscos. O abandono pode ser parcial (ausência temporária) ou permanente (exclusão). O ato de abandonar é considerado, muitas vezes, extremamente violento e pode produzir traumas emocionais profundos, que comprometem a saúde física e emocional das vítimas.

A negligência consiste na falta de cuidados, na omissão em prover as necessidades físicas da criança. Configura-se quando os pais ou responsáveis deixam de alimentar e de vestir adequadamente seus filhos, de oferecer-lhes educação e supervisão de vida adequadas. A negligência, portanto, se caracteriza pela não-satisfação das necessidades básicas para o desenvolvimento da criança ou do adolescente. Esse tipo de violência é praticado pelas mães, uma vez que elas são as principais responsáveis pelos cuidados da criança. Estas são algumas das principais formas de negligência encontradas nas famílias: deixar de vacinar as crianças, de dar-lhes remédios quando adoecem, de protegê-las contra riscos de acidentes e largar os filhos por vários dias sozinhos, sem que tenham condições para se manter. Nas famílias carentes, esse tipo de abuso é mais difícil de ser identificado, pois os pais alegam desinformação. Entretanto, a negligência – sinalizada pela omissão dos pais, pela falta de supervisão e orientação – também acontece nas famílias bem informadas e com alto grau de instrução. As conseqüências da negligência incidem no desenvolvimento de diversos comportamentos prejudiciais ao indivíduo, como consumir drogas dentro e fora do próprio lar, assistir aos programas televisivos ou vídeos inadequados para a sua faixa etária, dirigir veículos com a conivência ou não dos pais, navegar na internet em sites impróprios para a idade, além de ter acesso a fitas de *videogame*, jogos de computadores e histórias em revistas que estimulam a violência. Nesses casos, a negligência acaba se transformando em situações de abandono.

Um outro tipo de violência que envolve as crianças e os adolescentes dentro do próprio lar é a violência sexual. Ela se caracteriza por todo ato ou jogo sexual, relação hétero ou homossexual, entre um ou mais adultos e uma criança ou adolescente, com a finalidade de estimulá-los ou utilizá-los para estimular sexualmente outras pessoas. Ressalte-se que, em ocorrências desse tipo, a criança é sempre vítima e não poderá ser transformada em ré.

A intenção do adulto, ao cometer a violência sexual, centra-se sempre no seu próprio prazer ou no de outrem. O mecanismo utilizado pelo adulto para conseguir a participação da criança é a coerção, cujas origens estão relacionadas ao padrão "adultocêntrico" de relações "adulto-criança", vigente em nossa sociedade. De acordo com o Censo 2000, realizado pelo Instituto Brasileiro de Geografia e Estatística (IBGE), 62% dos casos de agressões sexuais contra crianças desenvolvem-se na própria família.

A violência fatal também constitui um crime praticado na família contra crianças e adolescentes, filhos e filhas. É denominado de infanticídio, quando praticado nas primeiras horas de vida de uma criança; assassinato infantil, quando ocorre fora ou dentro do lar; e filicídio, quando praticado pelos próprios pais (consangüíneos ou por afinidade).

Pesquisas realizadas no período de 1982 a 1985 em Campinas, São Paulo, revelaram que, dos 1 251 casos de violência doméstica que foram atendidos, 104 foram fatais. Em termos estatísticos, em cerca de 70% dos casos de violência contra crianças e jovens, os pais são os agressores. Confirmando dados de outros estudos, o Instituto Sedes Sapientiae, em São Paulo, mostra que em apenas 15% dos casos o agressor da criança está fora da família. Em 48,7% dos casos, os pais são os responsáveis pela agressão; em 28,2%, são as mães; em 10,3%, são os padrastos.

Pesquisa realizada no período de 1988 a 1992 em Campinas, São Paulo, mostra que a violência física ocorreu em 43,1% dos casos atendidos. O abandono/negligência foi responsável por 23,5% dos casos confirmados, a violência psicológica por 16,4% e a sexual por 7,7%.

Para a maioria das crianças e adolescentes que são vítimas da violência familiar, esta não é um problema. Ao contrário, eles a vêem como "normal", talvez, uma forma de linguagem familiar. Ao que tudo indica, parece que existe um sentimento de conformismo em relação a essa linguagem. As vítimas acreditam que seus pais a utilizam para o seu próprio bem, como forma de educá-los. Pesquisa realizada em favela da zona sul do Rio de Janeiro revela que 41,9% das mães disseram ter maltratado seus filhos por considerar as punições como práticas educativas.

A violência familiar deve ser denunciada não somente pelas vítimas, como também pelos espectadores. Entretanto, são raros os que a denunciam. O Estatuto da Criança e do Adolescente obriga a denúncia de casos suspeitos e propõe linhas de ensino, pesquisa, assistência e serviços à comunidade.

Conscientes das conseqüências da violência doméstica, ainda devemos nos preocupar com a questão da exposição das crianças aos diversos tipos de violência e com as mais diversas reações que esta poderá acarretar. Umas protagonizarão o papel de vítimas, outras de espectadoras da violência, independentemente de ser ela apresentada pela mídia, ou presenciada diretamente nas brigas domésticas violentas, nas condutas abusivas e intimidatórias nas escolas, ou nos atos praticados por delinqüentes juvenis nas ruas, ou nos assaltos e assassinatos que ocorrem freqüentemente. As reações de cada um, porém, dependerão de inúmeras variáveis, e estas poderão ou não repercutir em comportamentos agressivos futuros.

Segundo a pesquisadora Nancy Cardia[27], do Núcleo de Estudos da Violência da USP, o tipo de relacionamento existente entre pais e filhos tanto pode agravar como impedir o desenvolvimento de atitudes violentas. Filhos de pais atuantes – pais que acompanham a vida dos filhos e dela participam, que conhecem o círculo de amizades dos filhos e demonstram afetividade e respeito por eles – tendem a ter menos problemas, minimizando o seu envolvimento em delinqüência juvenil ou em gangues. As atitudes exemplares dos pais refletem-se nos comportamentos do filhos, possibilitando bons vínculos de amizade e de respeito mútuo. Os filhos que são orientados por modelos de identificação positiva, tendem a não se envolver em confusões, uma vez que introjetaram atitudes de compromisso e responsabilidade. Esse vínculo de afetividade e amizade estabelecido entre pais e filhos "seria um forte obstáculo aos atos infracionais"[28]. Portanto, a autoridade dos pais deverá alicerçar-se no diálogo e na compreensão, resultando na criação de filhos tranqüilos e disciplinados. Por outro lado, os filhos que são orientados por modelos de identificação negativa, de acordo com os quais a lei que impera em seus lares é a do chicote, tenderão a apresentar comportamentos violentos.

Segundo Levisky[29], na família existe uma cultura da violência como forma de educação. Essa cultura violenta está estreitamente relacionada à idéia de que os filhos são propriedades dos pais, que têm sobre eles o direito de vida e morte. Comumente presenciamos mãe ou pai que maltratam publicamente seus filhos, sem qualquer punição para seus atos e sem contar com a ação da comunidade em sua defesa.

A sociedade precisa ser despertada e incentivada a denunciar os atos de violência cometidos contra seus membros. É dever de todo cidadão conscientizar-se de que a sociedade é formada por todos nós. Portanto, o que acontece com um de nós repercute, de alguma forma, nos demais. "Se uma criança é violentada numa favela, por conseqüência, a criança das outras classes sociais corre o mesmo risco[30]."

Portanto, o modelo educativo familiar será sempre o grande referencial na vida de cada indivíduo. Se for positivo, o indivíduo desenvolverá autocompreensão, auto-aceitação, auto-estima, autoconfiança e capacidade de auto-superação na vida. Do contrário, terá o seu desenvolvimento psicossocial e socioeducacional prejudicado, tornando-se exposto a todo tipo de comportamento violento e de influência negativa, por falta de referenciais e de segurança emocional.

Fatores internos à escola

Clima escolar - A escola, como as demais instituições de ensino, tem por objetivo a socialização centrada no princípio de eqüidade, o que significa dizer que todos têm os mesmos direitos. Seu propósito é igualar as discrepâncias e diferenças existentes na sociedade. Entretanto, esse objetivo que deveria ser atingido na escola, acaba não sendo alcançado, uma vez que se confunde eqüidade com homogeneidade. Os alunos acabam sendo tratados como se fossem iguais, sem que se levem em conta suas características e necessidades individuais, bem como suas diferenças pessoais. Esse fato pode ser notado de várias maneiras: pela metodologia empregada na aprendizagem; pela forma de abordar e tratar os conflitos interpessoais; pela atenção que os professores dispensam aos seus alunos, demonstrando favoritismos por uns e indiferença a outros; pela maneira com que apresentam soluções preestabelecidas sem considerar as diferenças individuais.

Áurea Guimarães, professora do Departamento de Metodologia de Ensino da Universidade Estadual de Campinas, afirma que a escola, enquanto espaço de violência e de indisciplina, caminha por um movimento ambíguo: de um lado, as ações que objetivam o cumprimento das leis e das normas estabelecidas e de outro a dinâmica relacional entre seus componentes internos, que "estabelecem interações, rupturas e permitem a troca de idéias, palavras e sentimentos, numa fusão provisória e conflituosa".

Para o pesquisador K. Hurrelman[31], o clima de agressividade e violência na escola manifesta-se pela predominante estrutura organizacional, burocraticamente rígida, que se propõe à interação e ao ensino. Essa proposta acaba se constituindo numa condição marginal-social decisiva para o desenvolvimento de problemas interpessoais, originados no anonimato dos contatos sociais e na insuficiente autoridade pessoal dos professores, podendo ceder espaços às dificuldades disciplinares especiais.

Em tempos precedentes, a autoridade era exercida pelo controle absoluto do professor e da hierarquia educacional em geral, produzindo nos alunos um enorme grau de submissão e permitindo, por parte da hierarquia, o emprego de rígidos instrumentos de repressão, inclusive o castigo físico[32]. Atualmente, essa perspectiva vai se desmoronando devido à ineficiência da escola, sendo justificada por diversos fatores, como: excessiva centralização de decisões nos órgãos superiores; falta de funcionários; falta de política salarial eficiente; inviabilização da progressão continuada; falta de infra-estrutura adequada para esportes, atividades extra-classes e de lazer; falta de segurança; e ainda por outros aspectos que colaboram para que o trabalho pedagógico se torne cada vez mais deficitário e a escola inviável.

O autoritarismo da instituição escolar pode ser sintetizado num estudo realizado por Sérgio Adorno, citado por Levisky, sobre as reminiscências que guardam os jovens delinqüentes expulsos da escola:

> [...] a memória de uma violência incontida que somente pode resultar em respostas violentas, em um aprendizado que a escola pretende justamente negar e conter. Mais do que qualquer outro espaço institucional, a escola se apresenta a essas crianças e adolescentes como uma espécie de castigo modelar do comportamento. Um castigo que deve ser sofrido com resignação. Não são poucas as queixas. O aprendizado imposto que nada diz respeito ao mundo próximo e conhecido. A humilhação a que são submetidos pelo não saber, pela ausência de tradição de freqüên-

> cia escolar na família, pelas origens populares. As provas a que se sujeitam para confirmar pertencimento no gênero humano e a recusa de um espetáculo de anti-socialidade. A violência que subjaz às relações sociais e que exclui o diálogo e a compreensão. Autoritárias, essas relações não dissimulam as formas agressivas de preservação da disciplina (...). Nesse universo, a baixa escolaridade e a evasão escolar, antes de serem características peculiares de jovens e crianças que trilham a delinqüência, são o produto de funcionamento do aparelho escolar[33].

Todo esse clima gerado pela escola como instituição recai sobre os alunos, desenvolvendo um conglomerado de sentimentos que se apresenta desde a apatia até a explosão de agressividade e violência, um despertar de sentimentos controvertidos que se expressam em aborrecimento, ansiedade e insatisfação, ou seja, tédio.

Para o psicoterapeuta e professor de pós-graduação em psicologia da saúde da PUC, Angerami-Camon, cada vez mais ouvimos pessoas se queixando de tédio e se preocupando com "aquela coisa que dói no peito e deixa uma enorme sensação de aborrecimento com suas coisas, com seus amigos e consigo mesmos"[34]. O tédio atinge as pessoas em qualquer época da vida, entretanto, é na adolescência que suas seqüelas se fazem mais significativas e até mesmo mais contudentes. Apesar de a adolescência se caracterizar "por um período de extrema turbulência emocional"[35], a questão que envolve o tédio ganha maiores proporções quando aliada ao tédio que a própria escola produz.

Para comprovarmos tal manifestação, realizamos em 2000 uma amostra com alunos de 5ª a 8ª séries do ensino fundamental e de 1ª a 3ª séries do ensino médio da rede particular de ensino, em uma escola no interior do Estado de São Paulo. Os resultados constataram que cerca de 80% dos alunos se sentiam entediados na escola. Os principais motivos alegados pela maioria dos alunos estão relacionados a aspectos diversos: falta de perspectiva de uma vida melhor via educação, além do autoritarismo que a escola insiste em impor aos alunos com a organização de horários e quantidade de matérias; agressividade e falta de clareza dos professores; aulas monótonas; obrigatoriedade de permanecer muito tempo sentado e de forma desconfortável; obrigatoriedade de assistência às aulas; ausência de regras claras e não-participação em sua elaboração; indisciplina, perturbação e violência de certos companheiros.

Ainda por meio de pesquisas observamos que a maioria dos alunos, na atualidade, vive um grande dilema devido à distância que existe entre o que se aprende na escola e o que se deveria aprender para viver fora da escola, motivo pelo qual já não sabem distinguir se querem ou não permanecer nela, se vale ou não a pena se iludir com ela. O comportamento e as expectativas dos alunos para com a escola vêm manifestando desencanto e desinteresse, resultado da situação social em que vivem.

De um lado, a escola se preocupa em despejar uma enorme gama de conteúdos com o objetivo de preparar os alunos para a competição de um mundo globalizado, onde só se torna vencedor aquele que for o melhor, o mais preparado tanto para o vestibular como para o mercado de trabalho. Por outro lado, os alunos percebem que tudo o que lhes é ensinado vai se desmoronando diante da realidade que enfrentam, cotidianamente, fora do espaço escolar. Nos jornais, nas revistas, nos noticiários da TV e dentro do próprio contexto familiar deste mundo globalizado, os alunos vêem surgir uma grande massa de excluídos, que antes somente envolvia pobres, favelados e "descamisados", mas que, na atualidade, envolve médicos, professores, advogados, engenheiros e muitos outros profissionais que engrossam a fila dos excluídos. Incompetência? Globalização? Crise econômica mundial no mercado de trabalho? Falta de criatividade?

Ultimamente, um único questionamento ecoa entre os alunos: para que estudarem tanto se, quando formados, não sabem se conseguirão lugar no mercado de trabalho? Estudar para quê, quando se depara com a realidade de alguns profissionais que ficaram longos anos nos bancos universitários e, no momento em que conseguem ingressar no mercado de trabalho, ganham um salário miserável num posto de atendimento público? Isso quando conseguem arrumar emprego! E ainda sem falar nas grandes empresas, em que a competição é ainda maior! É necessário competência, conhecimento, reciclagem constante, domínio de informática e de diversas línguas, além de liderança, elevada auto-estima, disponibilidade, enfim, todo o seu tempo dedicado exclusivamente ao trabalho. Se para os que estudaram está assim, como estará para quem não tem estudo?

Diante de todas essas preocupações, aliadas aos inúmeros problemas que enfrentam nossos alunos, não se pode duvidar de que a insatisfação, a falta de perspectiva e a desesperança quanto ao futuro resultem em uma enorme confluência de sentimentos, muitas vezes expressos na agressividade.

Para Levisky[36], a falta de perspectiva que campeia a vida de muitos adolescentes incide em respostas violentas como reação a um estado frustrante e contraditório insuportável. Preparam-se durante anos para encontrar um caminho na vida adulta, para respeitar e preservar uma série de valores, mas deparam-se com elevadas doses de desesperança.

O pensamento do citado autor pode ser mais bem compreendido ao considerarmos o estudo que a Unesco realizou em 14 capitais brasileiras, objetivando constatar qual era a opinião dos adolescentes quanto à esperança que tinham em relação a um futuro melhor via educação. Os resultados revelaram que os adolescentes acreditam na educação como caminho para alcançar posições no mercado de trabalho e na sociedade, porém muitos não acreditam que possam transformar o sonho em realidade.

A falta de perspectiva de uma vida melhor via educação acaba por provocar inúmeras dúvidas críticas nos alunos-clientes, e estas a escola não consegue resolver eficazmente, provocando disparidade de respostas e pontos de vista diferentes.

A angústia, o desinteresse e o desencanto que muitos alunos manifestam como repúdio ao sistema escolar, uma vez que não conseguem vislumbrar outro meio legal de ascender socialmente, colaboram para que percam o sentido da própria vida. Associado a inúmeras variáveis, esse conglomerado de sentimentos pode resultar em ansiedade, estresse, depressão, agressividade, violência, ódio, idéias e pensamentos de vingança contra a instituição escolar, além de condutas autodestrutivas, como o suicídio. Tais sintomatologias não resultam de patologias, mas como resposta inevitável a um mundo frustrante.

Relações interpessoais - Inúmeros fatores colaboram para o desenvolvimento de um ambiente escolar saudável, em que a convivência entre seus membros seja amistosa e acolhedora. Algumas crianças iniciam seus primeiros contatos com a escolarização sem apresentarem dificuldades de socialização, pois se sentem seguras e adaptam-se com facilidade ao processo ensino-aprendizagem. Outras, porém, apresentam dificuldades de integração socioeducacional e de adaptação ao ambiente escolar.

A adaptação do aluno à escola depende, fundamentalmente, do tipo de relacionamento que estabelece com os professores e com os seus iguais. Quando essas relações se estabelecem de forma adequada, proporcionam, segundo a opinião emitida pelos alunos, o que há de melhor na escola. Entretanto, quando essas relações não são adequadas, como ocorre com crianças discriminadas ou ignoradas, a escola se transforma em fonte de estresse e inadaptação, resultando em conflitos interpessoais e em diversas formas de violência, comprometendo a qualidade do ensino-aprendizagem.

Dessa forma, o tipo de convivência entre os alunos e entre eles e toda a equipe escolar tem grande influência no processo socioeducacional, pois as experiências marcarão para sempre suas vidas, tanto as prazerosas quanto as desagradáveis. Lembramos que a memória registra de forma privilegiada as experiências vivenciadas com forte carga emocional. Portanto, se as experiências nas suas relações interpessoais forem prazerosas, ficarão registradas privilegiadamente na memória, sendo disponibilizadas para a construção de cadeias de pensamentos diante de um determinado estímulo. Por isso, o aluno "lembrará" sem dificuldade de alguns colegas de escola, de alguns professores, de fatos inusitados ou de traquinagens que fez. Além de "lembrar", poderá experimentar sensações e sentimentos semelhantes, porém jamais com a mesma intensidade da experiência original. Rirá, sentirá saudades, se alegrará e até mesmo chorará ao resgatar essas experiências.

Caso essas experiências sejam desagradáveis e traumáticas, também serão registradas privilegiadamente na memória, sendo mais facilmente disponibilizadas para serem resgatadas e lidas e, a partir daí, promoverem uma nova construção de cadeias de pensamentos que poderá aprisionar a mente a emoções desagradáveis e destrutivas. Por exemplo, uma criança que é humilhada por alguns colegas de classe registrará essa humilhação de maneira privilegiada em sua memória devido ao forte conteúdo emocional da experiência vivenciada. Esse conteúdo criará em sua memória territórios de vergonha, medo, insegurança e temor de que o fato ocorra novamente. O que acontecerá quando essa criança se deparar com novos estímulos aversivos semelhantes, que ativem todo esse processo? Toda vez que ela visualizar esses colegas, seja vendo-os realmente, seja somente imaginando a possibilidade de sua presença (estímulo visual), seja sofrendo novos ataques verbais de seus agressores (estímulo auditivo), ocorrerá a ação de fenômenos inconscientes de leitura da memória, os quais, em frações de segundos, farão uma "busca-varredura" em seus arquivos de memória por meio de comparações multifocais, tentando encontrar "matrizes-referenciais" que respondam à pergunta: "O que está acontecendo?".

A partir daí se iniciará, inconscientemente, a construção das primeiras cadeias de pensamentos e as primeiras reações emocionais decorrentes das "respostas-comparativas" encontradas. Ocorrerá então a ancoragem dos seus pensamentos nos territórios da memória, que já estarão repletos de outros registros traumáticos semelhantes, aprisionando a mente a emoções provocadoras de medo, angústia, ansiedade, tensão e conflitos intrapsíquicos, estresse e sensações corporais de fundo psicossomático como sudorese, resfriamento das extremidades, excitação, tremor, taquicardia, "branco", dor de cabeça, tontura, náuseas, vômitos, diarréia, sensação de sufocação e falta de ar, além de outros sintomas que poderão transformar-se em doenças ou transtornos mentais. Uma vez que o registro da memória é automático e inconsciente, essa nova experiência será outra vez registrada privilegiadamente devido à forte carga emocional gerada pela vivência, em consonância com outros registros já arquivados nos territórios da memória. Portanto, o trauma inicial que se desenvolveu passa a ser retroalimentado por uma sucessão de registros semelhantes e de experiências emocionais traumáticas que, ao longo do tempo, atuam como "vírus psíquicos", ou "matrizes-doentias" de pensamentos negativos, capazes de contaminar e de sobrepor-se aos vários outros arquivos "saudáveis" contidos em sua memória. Essa contaminação tornará a criança refém de sentimentos como a sensação de incapacidade, de insegurança, de fobia social e outras psicopatologias decorrentes. Além disso, poderá desenvolver construções de pensamentos autodestrutivos que, com o passar do tempo, se transformarão também em registros doentios no psiquismo que acabarão determinando o destino dessa criança.

Nesse caso, a mente que estiver contaminada poderá abalar-se ou desestruturar-se a partir de um simples olhar, ou de gestos, expressões fisionômicas ou corporais, tom vocal, que passam a funcionar como "estímulos-ancoradouros" da alma, deslocando a construção de pensamentos para territórios ou zonas de registros mentais que nortearão suas interpretações e conclusões da vivência, aprisionando sua mente, gerando reações prejudiciais a si mesma e manifestações de determinados tipos de comportamentos indesejáveis, tanto para si quanto para a sociedade.

Como reagirá o indivíduo cuja mente está afetada por esses "vírus-psíquicos", ao se deparar com novas situações humilhantes, olhares ameaçadores ou de desaprovação, seja na família e no trabalho, seja nas interações sociais? Que futuro aguarda esse indivíduo, exposto que foi às mais diversas situações constrangedoras, que teve a memória infestada por esses registros "doentios"?

Pensemos agora naquele que atua como agressor. Por que age expressando comportamentos agressivos, violentos e vexatórios contra os seus colegas de escola? Que construções de pensamentos povoam sua mente a ponto de não perceber o mal que causa aos outros e não ser capaz de manifestar empatia? O que a fraqueza ou fragilidade de suas vítimas lhe desperta, fazendo com que arremesse sobre elas suas gozações e zoações, provocando-lhes sofrimentos e humilhações? Por que as persegue e as ameaça? Acaso sua memória estaria contaminada por registros geradores de outras formas de "vírus-psíquicos", impelindo-o à agressão?

Precisamos considerar que muitas vezes o agressor também foi vítima da violência, sofrida talvez em seu lar. Dessa forma, sua história intrapsíquica pode ter sido marcada por registros traumáticos, provavelmente desde a vida intra-uterina. O maior problema para o agressor conseguir mudar o seu comportamento é que o seu "eu", que representa a vontade consciente, não produz cadeias de pensamentos organizados que lhe permitam a capacidade de interiorização e, portanto, de reflexão sobre as suas ações. Mas, ao invés, constrói cadeias de pensamentos influenciados por uma mente fragilizada e insensível devido ao tipo de experiências que vivenciou e que foram registradas em sua memória, impossibilitando-o de desenvolver consciência crítica e, por isso, reage agressivamente sem pensar e de forma inconseqüente, não conseguindo se colocar no lugar do outro. Em determinados casos comete as mais terríveis atrocidades, podendo chegar a conseqüências desastrosas para toda a sociedade.

Quanto àquele que pratica violência física ou sexual, apesar da brutalidade desses comportamentos, age dominado por cadeias de pensamentos negativos, construídas como resultado dos seus conflitos intrapsíquicos. Nesse caso, o seu "eu" não consegue administrar os pensamentos com inteligência e maturidade por estar encarcerado intelectualmente, preso ao "território dos registros doentios", ou dos "vírus-psíquicos", impedindo-o de desenvolver a sensatez.

Quanto à vítima, perguntamo-nos, por que não se defende dos seus agressores, ou das "brincadeiras" desagradáveis que sofre? Que tipos de pensamentos são construídos por sua mente, que lhe impedem a ação defensiva? Consideramos que no momento em que sofre uma agressão ou se sente ofendida, ante esses estímulos abrem-se arquivos de sua memória que produzirão emoções tensas, ansiosas, tímidas, que bloqueiam o processo de leitura de outros arquivos, dificultando com isso a sua capacidade de reagir e de se defender. No momento da agressão, sua mente é bloqueada, frustrando sua inteligência, gerando "brancos" e sensações de impotência, "travando" o acesso aos territórios onde estão arquivados os seus repertórios comportamentais de defesa, caso os tenha. Isso impede que a vítima aprenda novos comportamentos, reagindo sempre da mesma maneira: sentindo vergonha, baixando a cabeça, procurando fugir aos olhares dos seus observadores, evitando expor-se ao grupo, procurando isolar-se, buscando proteção ao manter-se próxima aos adultos.

Diante de tudo isso, o que resta à vítima esperar da vida, se a escola não a prepara para lidar com essas realidades e não intervém na redução das causas que provocam esse tipo de experiências? E quanto ao agressor, poderia a escola ensinar-lhe outros tipos de vivências de modo a que aprendesse novas formas de convivência, que não a violência? E quanto ao espectador passivo, poderia a escola treiná-lo a intervir de forma construtiva e solidária ao invés de sentir-se impotente diante do sofrimento alheio, construindo cadeias de pensamentos que lhe bloquearão a mente em situações futuras, por estar tomado pelo medo de se ver em situações semelhantes à da vítima? Não seria por esse motivo que muitos alunos temem fazer perguntas em sala de aula, por medo de cometerem qualquer deslize que os torne motivos de gozações? E também não é por isso mesmo que outros tantos temem falar em público, por viverem preocupados com a opinião dos outros? Quantos são aqueles que, na vida adulta, norteiam suas ações e decisões em função de "o que os outros vão dizer..."?

Consideremos agora a importância da escola, sob o ponto de vista educativo, na vida das crianças que nela estudam. Seria a missão da escola apenas a transmissão de conteúdos ou teria ela o dever de preocupar-se com a transmissão de valores humanistas, como, por exemplo, a solidariedade, a tolerância, o respeito às diferenças individuais e ao bem comum? Que responsabilidade a escola tem de ensinar aos alunos valores sociais e de ajudá-los a desenvolverem habilidades que lhes sirvam para sua auto-realização e auto-superação na vida?

A escola precisa ensinar a criança, desde a mais tenra idade, a educar suas emoções, a lidar com os seus medos, conflitos, frustrações, dores e perdas, com sua ansiedade e agressividade, canalizando-os para ações proativas que resultem em benefícios sociais e para novas formas de relações capazes de produzir empatia, pois, agindo assim, favorecerá a criança, aumentando sua probabilidade de tornar-se um adulto equilibrado e feliz.

Se as crianças envolvidas no fenômeno *bullying* conseguirem superar seus traumas, recorrendo às suas próprias habilidades e poder de auto-superação, ou, ainda, se encontrarem em sua vida professores que sejam capazes de dar-lhes apoio e segurança e de ajudálas a educarem suas emoções através de estímulos positivos, que lhes despertem sentimentos de confiança, de amizade e de amor, com certeza crescerão saudáveis e estarão empenhadas na construção de uma sociedade promotora da paz.

Se a escola se torna fonte de estimulação saudável e de experiências relacionais gratificantes, essas vivências serão registradas na memória, de forma privilegiada, sobrepondo-se aos "registros doentios". Mesmo sabendo que esses "registros doentios" jamais serão apagados de sua memória, sabemos também que poderão ser reeditados, retirando daquela traumática "lembrança" todo conteúdo de dor emocional nela contido, pela ressignificação de conteúdo experimentada, uma vez que é possível à mente a reedição do filme do inconsciente. Para isso, existem técnicas psicológicas específicas disponíveis que reúnem princípios analíticos e comportamentais, capazes de atuar na causa e nos sintomas, treinando a mente para proteger as emoções e gerenciar os pensamentos, proporcionando a melhora da qualidade de vida.

De acordo com Augusto Cury, autor da teoria da inteligência multifocal, a personalidade não é estática e em qualquer época da vida pode ser modificada.

> Basta mudarmos as zonas de conflito da memória. Mas como é na infância que as zonas de conflito são formadas, torna-se difícil mudar a nossa maneira de ser e de reagir depois de adultos. (...) Embora o adulto tenha maior dificuldade de mudar a col-

cha de retalho de sua personalidade, é sempre possível transformá-la, principalmente se formos flexíveis e aprendermos a reescrever nossa história[37].

Para isso é necessário que se abram as janelas da mente e se amplie a arte de pensar.

Relação professor-aluno - Ao iniciarem o relacionamento com uma nova turma na escola, tanto o professor como os alunos acabam por criar expectativas e uma certa ansiedade quanto às suas relações interpessoais. O professor, advertido talvez pelos colegas ou orientado por suas experiências e características pessoais, busca desde o primeiro contato com a turma delimitar os critérios de convivência que devem ficar estabelecidos entre ambos.

A relação professor-aluno tem uma assimetria de poder, conforme nos evidenciam as declarações recolhidas pelo pesquisador espanhol Saramona, ilustrando as estratégias que muitos professores utilizam em sala de aula para afirmar a sua autoridade: "O melhor que me ocorreu, no primeiro dia de aula, foi ser uma tirana e não mostrar às claras que era branda. Imaginei, enquanto estava ali sentada, que as crianças, provavelmente, me odiavam, porém não me incomodava porque queria mostrar diretamente o que esperava delas e não deixar que se aproveitassem de mim"[38].

Por outro lado, o aluno também quer delimitar quais são os seus critérios, testando o professor para ver até onde pode chegar. Desses primeiros contatos, em que ficam estabelecidos os limites entre ambos, é que surge o relacionamento professor-aluno.

Num estudo desenvolvido pelo pesquisador J. Vera, divulgado em sua obra *La crisis de la función docente*[39], o autor salienta que a ferramenta de trabalho mais importante do docente é sua própria personalidade, uma personalidade que se expõe cotidianamente aos olhares críticos de toda a comunidade escolar. Se os alunos obtiverem êxitos, estes não serão atribuídos totalmente ao docente; porém, se fracassarem, dirão que não é um bom profissional.

O autor José Melero[40] confirma essa tendência dizendo que, na atualidade, o professor já não é visto como representante de *status* de poder, mas como uma espécie de funcionário que transmite conhecimentos e que não possui nenhuma autoridade, a não ser aquela proporcionada por sua própria personalidade.

Conforme o pensamento do autor I. Caspari[41], o professor sabe e aceita que um novo grupo de alunos o colocará à prova. A maioria admite isso como um mal necessário inerente a seu trabalho e, se pudesse, iludiria o grupo. Sabe também que é colocado à prova por um rebelde ou por um pequeno grupo de rebeldes.

Um dos grandes desafios do professor é o de tentar manter o controle da classe para que não seja visto como incompetente ante a equipe docente e a direção escolar. Um professor experiente sabe, em geral, como manter o controle de sua classe e que o excessivo bulício é sinal de uma classe fora de controle. Alguns professores se ocupam mais em manter suas classes em silêncio do que estimular os alunos para a aprendizagem.

Ao que tudo indica, a relação professor-aluno se estabelece pela disputa de poder: de um lado, o professor luta pelo controle de sua classe; de outro, o aluno coloca em xeque a competência do professor com o objetivo de mostrar seu poder ante os seus iguais. Dessa forma, inúmeros fatores desfavoráveis influenciam no estabelecimento de um clima agradável na aula.

Ainda segundo o autor J. Vera[42], a posição do docente é conflituosa, pois ele oscila entre a necessidade de estabelecer um clima de ordem que favoreça o progresso do grupo-classe e o desejo de estabelecer um tratamento cordial. Dessa forma, o papel do docente sempre oscilará entre ser um líder imposto e um líder natural.

A atual pedagogia considera fundamental o estabelecimento de relações cordiais, personalizadas, mais liberais entre professor-aluno, facilitando assim o desenvolvimento natural de liderança. O professor deve representar o papel de adulto, impulsionando e motivando os seus alunos a todo o momento. Deve manter o autocontrole, a serenidade e a atitude positiva, respeitando e aceitando o aluno que apresenta dificuldades comportamentais, evitando os confrontos, mantendo-os ocupados num ambiente de cooperação, respeito e amizade. O afeto e a atenção individualizada favorecem a empatia e facilitam o processo ensino-aprendizagem. Esse tipo de relacionamento deve prevalecer entre ambas as partes.

Para o Sindicato de Especialistas em Educação do Magistério (Udemo), o modelo liberal dá, atualmente, mais liberdade ao aluno, mas muita coisa é passível de discussão: conteúdo, metodologia e avaliação. Com efeito, a conciliação de gostos, interesses e objetivos variados é um problema atual. Chegar ao consenso com uma turma é quase impossível, e as tentativas várias têm mostrado que o maior prejudicado nessa indecisão tem sido o aluno.

Muitos docentes temem que, com estilos educativos mais liberais, possam perder o controle da situação ou necessitem assumir compromissos pessoais nos quais não podem ou não querem se ver implicados. Assim, nessa indecisão, optam por ministrar suas aulas pelo método tradicional de ensino. Ainda segundo a Udemo, diríamos que hoje, para muitos professores, a aula tenderia mais para pesadelo que para momento mágico de aprendizagem. Tudo porque esses docentes resistem a mudar sua forma de trabalhar, descuidam de refletir sobre a aula que irão ministrar, cristalizando posicionamentos que os levam, quase sempre, ao preconceito diante do aluno cujo comportamento foge aos padrões nos quais ele, inconscientemente, se estabeleceu: conformismo, imobilidade, passividade, aceitação de métodos pedagógicos antiquados e desmotivadores, num momento em que a realidade que cerca o aluno é tecnologicamente dinâmica quanto às formas de divulgação das informações.

Os principais conflitos enfrentados nas relações professor-aluno aparecem devido a inúmeros fatores. Dentre eles, destacamos a *disrupción* (a que já nos referimos), fato que consideramos violento uma vez que afeta não somente os componentes de um grupo-classe, senão diretamente os professores. Termo utilizado na Espanha, refere-se ao estado de perturbação e de inquietude do aluno dentro da sala de aula.

Segundo o pesquisador Tattum[43], a *disrupción*, na linguagem dos professores, se interpreta como um conglomerado de condutas inapropriadas como, falta de cooperação, falta de educação, insolência, desobediência, provocação, hostilidade, abuso, impertinência e ameaças. A *disrupción* também pode ser observada por meio de estratégias verbais, como, por exemplo, quando o aluno pede que se explique o já explicado com o objetivo de atrapalhar as aulas, faz perguntas absurdas, reage desproporcionalmente a uma instrução exagerando em seu cumprimento e interrompe as explicações. Também pode se apresentar sob a forma de desrespeito ao professor. Por exemplo, levantar sem pedir permissão ou sem propósito específico, vestir roupas ou objetos grotescos, demonstrar aborrecimento. Todas essas condutas são estratégias pelas quais os alunos avaliam o professor e, dependendo da postura que ele adota, dão prosseguimento ou não às estratégias.

Para o professor, essas atitudes causam grande desconforto, pois dificultam a comunicação e, conseqüentemente, o seu desempenho profissional. Para o aluno, além de prejudicar sua aprendizagem, propicia um clima anti-social que rompe a rotina da vida escolar. Além disso, esse tipo de comportamento provoca atitudes negativas entre os alunos e o professor, repercutindo no desenvolvimento de relações interpessoais tensas.

Os alunos "disruptivos" apresentam baixa auto-estima, falta de habilidades sociais, incidência em fracasso escolar, problemas familiares, hipersensibilidade, estresse ambiental, necessidade de apoio nos aspectos de conduta da aprendizagem e dificuldades de convivência.

Segundo estudos, são estas as principais causas da *disrupción*: ausência de controle da classe, excesso ou deficiência de autoridade do professor, desmotivação dos alunos para a aula, ausência de normas de convivência em sala de aula, deficiências metodológicas e despreparo das aulas, despreparo ou incapacidade profissional.

Para a autora espanhola Isabel Fernández[44], a disparidade das interpretações entre os docentes no que diz respeito às diferentes condutas perturbadoras adotadas pelos alunos torna-se um fator que desperta a atenção. Uns as consideram insolentes, outros não as percebem, outros as consideram naturais e ajustadas às motivações dos alunos. Devido às divergências geradas quanto às formas de interpretações, surge entre os docentes a falta de um consenso que facilite o trabalho educativo e o contorno do problema. Ainda segundo a autora, a tese defendida por Dreikurs e colaboradores[45] é a de que todas as nossas ações têm um motivo e estão dirigidas para certos propósitos. Como os seres humanos são seres sociais que se esforçam por integrar-se na sociedade, muitas de suas ações objetivam manter sua própria identidade social para que sejam aceitos. Dessa forma, a criança integrada se ajusta às normas, enquanto o aluno "disruptivo" equivoca seus objetivos, atuando de maneira errônea, já que não acredita que pode encontrar seu reconhecimento social a não ser através da provocação. O citado autor e colaboradores, através da observação do comportamento infantil, estudaram crianças de até 11 anos e concluíram que os motivos que fazem com que os alunos se comportem mal nas aulas são o desejo de obter atenção, o desejo de obter o poder, o desejo de vingança e a incapacidade assumida.

A *disrupción*, ao que tudo indica, está intimamente relacionada aos problemas de ordem profissional, o que gera angústia nos professores, uma vez que precisam dispor de meios que motivem esses alunos perturbadores ao ensino e, ao mesmo tempo, precisam incentivá-los para que modifiquem suas atitudes. Por outro lado, o professor precisa atender aos demais alunos que, apesar de pertencerem a um grupo perturbador, demonstram interesse em aprender e valorizam o processo ensino-aprendizagem para a sua formação posterior.

Os problemas enfrentados pelos docentes são quase que exclusivamente disciplinares, o que gera uma angústia cada vez maior no profissional. Os problemas de disciplina constituem-se, hoje, em tarefa exaustiva para o professor. Segundo o autor I. Caspari[46], a intensidade da angústia varia de professor a professor, de acordo com sua habilidade e personalidade. Sem dúvida, o cansaço demonstrado pelos docentes, ao finalizar o período de aula, se deve mais à exigência de sua habilidade e personalidade para manter a disciplina do que a qualquer outro aspecto de seu trabalho.

Além dos problemas de disciplina enfrentados pelo profissional que atua em sala de aula, podemos abordar ainda outros, que constituem desafios profissionais: o problema de adaptação às diferenças individuais, em razão de grupos heterogêneos, relação pessoal escassa, dificuldade em cumprir as exigências dos programas, necessidade de atendimento particular ao aluno e adaptação a ritmos de aprendizagem diferentes. Há, ainda, os problemas relacionados com a avaliação: o desafio para fazer com que os alunos alcancem o nível de rendimento necessário, a necessidade de encontrar alguns critérios de avaliação para evitar o fracasso dos alunos e, ao mesmo tempo, alcançar os mínimos estabelecidos nos programas oficiais e a notificação de uma avaliação desfavorável.

Para a maioria dos professores, a necessidade de superar a si mesmos e aos problemas inerentes à sua profissão e de se conscientizarem de que os conflitos são parte integrante de toda profissão que envolve relacionamentos humanos, constitui um grande desafio. Uns conseguem superar todos os inconvenientes profissionais. Outros acabam "metendo os pés pelas mãos" e se envolvem em conflitos com os alunos, usando-os também como válvula de escape ante seus próprios problemas. O desrespeito, a discriminação, a depreciação diante da classe, a imposição de autoridade através de ameaças, intimidações, agressões verbais, perseguições, são as estratégias mais comuns utilizadas por esses professores, o que prejudica ainda mais o bom desenvolvimento das relações interpessoais e, conseqüentemente, o clima escolar e o processo ensino-aprendizagem. Por outro lado, os alunos esperam que os professores sejam capazes de manter a ordem da classe, competentes na tarefa de ensinar e hábeis diante das provocações, tornando-se merecedores de respeito e afeto. Em muitas ocasiões, o aluno não está na escola apenas para estudar, mas tentando buscar um amigo, um conselheiro, um orientador, um ouvinte ou, quem sabe, alguém que tenha coragem de fazê-lo admitir seus próprios erros e ajudá-lo a andar por outros caminhos.

A profissão docente representa, na atualidade, sinônimo de estresse. Para o pesquisador inglês M. MacManus[47], o estresse é um sentimento agonizante e não-desejável, resultado da percepção que tem uma pessoa das demandas de uma determinada situação. Portanto, essa definição vem ao encontro da situação atual do docente, uma vez que sua atividade profissional entra em conflito com as atitudes e com as privações que tem que enfrentar no seu cotidiano profissional.

Nesse aspecto, ressaltamos o estudo desenvolvido pelo psiquiatra Augusto Jorge Cury[48] sobre a qualidade de vida do educador. A amostra da pesquisa foi realizada em São Paulo e no Paraná por meio de amplo levantamento de dados com 980 professores de duzentas escolas de ensino médio e fundamental, das quais 90% são escolas públicas. Os resultados obtidos foram os seguintes: 92% dos professores apresentam três ou mais sintomas de estresse e 41%

apresentam dez ou mais. Tais resultados revelam que esses professores estão literalmente doentes e que quase a metade deles está sem condições de exercer suas atividades profissionais.

O autor aponta um preocupante dado quando compara o resultado de sua pesquisa com a amostra da população estressada da cidade de São Paulo. Na população da cidade de São Paulo, 22,9% das pessoas apresentam dez ou mais sintomas de estresse, enquanto os professores apresentam 41%. Conclui que os professores estão quase duas vezes mais estressados do que aqueles que moram em uma das cidades mais estressantes do mundo.

Os resultados apontam ainda que 47,60% dos professores sofrem de transtorno do sono – insônia ou excesso de sono –, sendo que na população em geral essa freqüência é bem menor, é de 20%; 45,40% sofrem de fadiga excessiva devido ao desgaste de energia mental gerada pela hiperprodução de pensamentos; 42,10% estão com *deficit* de concentração; 35,30% sofrem de *deficit* de memória. Portanto, o resultado é paradoxal: os professores exigem que os alunos tenham concentração e boa memória, mas eles estão de tal modo estressados que apresentam péssima concentração e esquecimento.

A hiperaceleração dos pensamentos ou Síndrome do Pensamento Acelerado é um sintoma comum ao homem moderno, porém é preocupante a freqüência encontrada nas pesquisas. Segundo o autor, o excesso de atividades, a demasiada preocupação e o ambiente estressante geram a hiperaceleração dos pensamentos, que rouba energia do cérebro, produzindo o transtorno do sono, o *deficit* de concentração e a fadiga excessiva.

Ainda segundo o pesquisador, o caos na educação é mundial. Na Inglaterra, o governo está tendo dificuldade de formar professores, principalmente de ensino médio e fundamental. Os ingleses não querem essa profissão estressante e mal remunerada. Na Espanha, 80% dos professores estão estressados e no Brasil esse número sobe para 92%.

Apesar de sabermos das várias dificuldades que os educadores enfrentam em todo o mundo, nós, educadores brasileiros, além de nos encontrarmos adoecidos, obviamente estamos adoecendo aqueles que convivem conosco. Com isso, estamos perdendo nossa qualidade de vida pessoal, familiar e profissional. É alarmante o índice de estresse encontrado entre nós! Sinceramente questionamos se a realidade em que os educadores se encontram atualmente não é questão de saúde pública.

Esperamos sensibilizar as autoridades para que considerem a questão da saúde emocional do professor e dela cuidem. Sugerimos que reflitam sobre as seguintes questões: é a escola um ambiente agradável de se trabalhar? O que o ambiente escolar tem causado nos educadores que justifique tais índices de estresse? Se 92% desses professores estão estressados, que qualidade de ensino podemos deles esperar? Acaso o comportamento agressivo dos alunos tem colaborado para o agravamento do estresse dos professores? Afinal, esse alto índice de estresse encontrado pede urgentes providências para que algo seja feito por eles. Entendemos que na atual realidade os nossos educadores devem ser capacitados para lidar com essa grave situação.

Sugerimos ainda que se considerem outros fatores causais tais como: baixos salários, desvalorização da categoria, jornada excessiva de trabalho, grande número de alunos por sala, falta de verba para capacitações e pesquisas, falta de tempo para estudos e preparo das aulas, bem como para descanso e lazer, além de diversas outras dificuldades enfrentadas no cotidiano escolar.

Por outro lado não podemos nos esquecer de que, apesar de toda essa realidade descrita e vivida por nós, ainda nos orgulhamos de nossa profissão, principalmente quando nossos ex-alunos nos contam como fomos importantes em suas vidas pelo encorajamento que lhes oferecemos e pelo auxílio que lhes dispensamos na superação de suas dificuldades. Para muitos deles, nossas atitudes serviram de novos referenciais de modelos educativos, que com certeza ficaram introjetados em seu psiquismo, norteando seus comportamentos e personalidades.

Apesar de tudo, encorajamos os nossos colegas para que não se deixem vencer pelas desilusões no desenvolvimento da arte de educar. Ao contrário, que se lembrem de que, onde quer que atuem, sempre existirão crianças que necessitam do seu afeto, do seu carinho e do seu ensino humanizante. Que sonhem e estimulem as crianças a sonhar, pois, se deixarem de acreditar na vida, não haverá esperança de um mundo melhor.

CONCLUSÕES

Concluímos que eliminar a violência social e estabelecer a paz global são tarefas até então consideradas impossíveis. Combater a violência para reduzi-la a níveis toleráveis, sabemos, não é tarefa fácil, pois a violência é um fenômeno complexo, com inúmeras causas determinantes e diversos tipos de manifestações, tendo sempre um indivíduo ou grupo de indivíduos prejudicado, pela forma repetitiva com que, consciente ou inconscientemente, se expressa e pelas ações ou intenções que causam sofrimentos generalizados.

Entretanto, acreditamos ser possível e viável o seu combate desde que haja conscientização, planejamento, investimentos, atitudes de compromisso e de responsabilidade, cooperação e, sobretudo, tempo, para que uma nova contracultura de paz seja estabelecida. Sabemos que essas mudanças não acontecerão num curto espaço de tempo como gostaríamos, mas podemos colaborar para a formação de uma nova mentalidade, promotora da paz, e esperamos que as gerações futuras possam usufruí-la.

No âmbito familiar a violência manifesta-se por expressões fisionômicas, gestos e postura corporal, tom vocal e diversos tipos de maus-tratos verbais, físicos e psicológicos, prejudicando e influenciando negativamente o indivíduo nos seus diversos processos de desenvolvimento. No âmbito profissional manifesta-se pela facilitação ao ilícito, corrupção, domínio e abuso de poder, assédio sexual ou moral. No âmbito social, manifesta-se pelas mais diversas e perversas formas de abuso e subjugação, como a história nos faz lembrar, entre outros fatos igualmente importantes, as atrocidades cometidas contra os judeus e a perseguição e a dizimação de povos indígenas, e, no presente, as guerras religiosas e políticas, a discriminação étnica, as chacinas de grupos de excluídos, as disputas entre gangues e traficantes, os seqüestros, os assaltos... Enfim, vivemos cercados de sinais da violência por todos os lados.

No âmbito escolar manifesta-se, sobretudo, como reflexo do modelo educativo familiar, produzindo relações interpessoais abusivas, adoecendo e prejudicando toda a comunidade escolar. Os altos índices por nós detectados em pesquisas sobre o *bullying* indiscutivelmente revelam que o comportamento abusivo e intimidatório está colaborando para que muitos alunos adoeçam emocionalmente, situação que afeta as suas relações interpessoais e interfere negativamente nas emoções dos espectadores das constrangedoras cenas aversivas que cotidianamente se repetem no seu ambiente escolar. Por outro lado, esses altos índices nos atestam que o *bullying* é um grave problema social e que passa despercebido pela maioria das escolas.

Provavelmente, o aluno que vitimiza seus companheiros procura inconscientemente encontrar nessa conduta uma maneira de reproduzir os comportamentos agressivos introjetados pelos modelos educativos, ou, quem sabe, chamar a atenção para que alguém o perceba, ouça, compreenda e que possa vir em seu auxílio. O aluno abusivo ou violento, assim como aquele que figura como vítima, de igual maneira precisa de cuidados específicos, pois também está adoecido e precisa ser tratado. Tapar os olhos ou os ouvidos ao seu apelo é também uma forma omissa de violência.

Todavia, qualquer que seja o ângulo de observação do fenômeno *bullying* e de suas causas determinantes, entendemos que as propostas de soluções precisam ter na educação o seu principal veículo. Para que isso ocorra, acreditamos que as soluções devem promover a convivência pacífica, iniciando pela escola e se expandindo para toda a sociedade. Se essas mudanças se iniciarem desde os primeiros anos escolares, reduzirão o comportamento agressivo e minimizarão a sua propagação.

Para alcançarmos êxito na redução da violência, precisamos, primeiramente, conquistá-la na escola, por ser lá que os primeiros sinais da violência se manifestam entre os alunos. Devido ao seu poder propagador e multiplicador, a escola deve ensinar os alunos a lidarem com suas emoções para que não se envolvam em comportamentos violentos, transformando-os em agentes disseminadores de uma cultura da paz que se estenda aos seus demais contextos de vida.

Por meio das experiências que adquirimos ao longo dos anos como educadora, constatamos ser possível a redução do comportamento violento entre escolares, uma vez que os resultados por nós obtidos o comprovaram. Para alcançarmos esses resultados, desenvolvemos ações estratégicas que envolveram toda a comunidade escolar e descobrimos com isso o grande interesse da maioria das pessoas em participar, ajudando, de uma forma ou de outra, por se sentirem responsáveis e comprometidas.

As estratégias redutoras do comportamento agressivo, propostas no Programa Educar para a Paz, demonstraram sua eficácia como recurso didático e psicopedagógico, indispensável no combate ao *bullying*. Quando implantamos o referido programa em uma escola da rede pública de São José do Rio Preto, interior paulista, em meados de 2002, encontramos um alto índice de violência entre os alunos da escola. O resultado das pesquisas que fizemos demonstraram que 67% dos alunos estavam envolvidos em *bullying*. Desses, 25,5% caracterizaram-se como vítimas; 22% como agressores; e 19,3% como vítimas agressoras.

Após o desenvolvimento das estratégias psicopedagógicas propostas pelo programa, ao final do segundo semestre letivo havíamos conseguido índices expressivos de redução de *bullying*, de 67% de envolvidos para 25%. Houve redução significativa em apenas um semestre de implantação do programa. Quanto aos índices relacionados às vítimas, naquele semestre houve redução de 25,5% para 10%.

Tivemos uma grata satisfação quando, ao final de dois anos de trabalhos voluntários, encerramos nossas atividades naquela escola tendo criado, com a participação de todos, um lindo jardim simbolizando a paz alcançada. A variedade de plantas, com suas folhagens de diversas formas e texturas, com seus diferentes aromas e sabores, suas flores com cores e tonalidades diferentes, representam os sentidos do tato, do olfato, do paladar e da visão. Quanto à audição, essa ficou por conta de um casal de sabiás que construiu seu ninho numa árvore próxima ao jardim.

O objetivo psicopedagógico que tivemos em mente quando da construção do jardim foi o de educar por meio da representação de como devemos conviver em sociedade, respeitando e valorizando as diferenças individuais, bem como o papel de cada um na sociedade. O jardim, denominado Jardim dos Sentidos, tornou-se um marco de conquista para toda a escola, atestando o seu poder de transformar vidas por meio da educação e comprovando ser possível combater a violência de maneira criativa, mantendo-a em níveis toleráveis.

Ao final do primeiro semestre de 2004 nos encontrávamos diante de uma nova e fascinante realidade, que muito recompensou nossos esforços e voluntarismo: conseguimos reduzir significativamente o comportamento *bullying*. Os índices de violência *bullying* entre os alunos foram reduzidos de 67% para 10%. Em relação às vítimas, a redução foi de 25,5% para 4%, em apenas dois anos.

Mesmo sabendo ser quase impossível alcançar resultados maiores do que esses devido ao ingresso de novos alunos que iniciam seu processo de escolarização ou daqueles que vêm transferidos de outras escolas, a avaliação do Programa Educar para a Paz, realizada pela direção escolar e pelos docentes, recebeu a menção "excelente". Outro aspecto avaliado positivamente pela equipe escolar foi a constatação de que houve significativa melhora nas atitudes dos alunos em relação aos colegas e aos professores. Constataram ainda que o programa possibilitou outros benefícios além daqueles propostos de combate ao *bullying*. Houve expressiva redução da indisciplina, da agressividade e das condutas anti-sociais, o que transformou a escola em um local agradável de se trabalhar.

Quanto ao sucesso do programa, por um lado o atribuímos à receptividade da direção escolar, conscientizada que estava da relevância do problema, do resultado de nossas pesquisas e da nossa experiência no campo da educação. Por outro lado o atribuímos ao envolvimento, à participação e ao compromisso assumido por toda a comunidade escolar.

Consideramos importante mencionar que a implantação do programa proporcionou mudanças na maneira de pensar e de agir de toda a comunidade escolar, a partir da conscientização da sua própria realidade quanto ao fenômeno e da reflexão conjunta na busca de novas soluções. Novas estratégias psicopedagógicas foram utilizadas, visando à educação emocional dos professores e alunos. Através da reflexão, da discussão e da busca de soluções para a conduta *bullying*, houve melhoria nas relações interpessoais.

O desenvolvimento de inúmeras ações visando à interiorização de valores como a solidariedade e a tolerância como práticas cotidianas, o exemplo dos alunos solidários que atuavam como "anjos da guarda" dos alunos com dificuldades de relacionamentos, a cooperação de cada grupo-classe e o respeito às diferenças individuais demonstraram que é possível ajudarmos uns aos outros a ser melhores, como resultado de uma interação socioeducacional saudável.

Considerando os princípios apresentados na teoria da inteligência multifocal sobre os papéis da memória e a construção inconsciente das cadeias de pensamentos, entendemos que as escolas devem se comprometer com um modelo educacional mais humanista, como o que desenvolvemos com o Programa Educar para a Paz, que ensine as crianças, nos primeiros anos de escolarização, a se conscientizarem sobre a problemática da violência, a conhecerem suas causas e refletirem sobre ela, a opinarem, a buscarem solucionar seus conflitos e a conviverem pacificamente.

Acreditamos que os alunos devem, desde a mais tenra idade escolar, ser treinados nas habilidades de gerenciamento do "eu", nas técnicas de interiorização e na reedição do filme do inconsciente, como forma adequada de promoverem as mudanças necessárias a fim de se tornarem agentes transformadores de sua história atual, bem como da sua própria personalidade. Dessa forma, nos ciclos escolares posteriores, eles terão desenvolvido a habilidade de agir assertivamente diante das suas dificuldades pessoais e da sua comunidade, podendo, no futuro, participar da construção de uma sociedade mais justa, mais solidária e menos violenta.

O fator afetivo deve ser mais valorizado nas relações interpessoais e na transmissão do conhecimento, uma vez que favorece de forma privilegiada o registro daquilo que foi vivido, facilitando posteriormente o seu resgate para novas construções de cadeias de pensamentos. Isso favorece a mente na edificação da sua história intrapsíquica, no desenvolvimento da sua inteligência, na sua capacidade de auto-expressão e na sua atitude de primar por cidadania e qualidade de vida.

Concluímos que, se quisermos construir uma sociedade em que a violência seja repudiada, é necessário que o olhar das autoridades esteja voltado à educação, pois é aí que se deve iniciar o processo de pacificação. Para isso, sugerimos que os profissionais que trabalham como educadores sejam preparados para lidar com as suas emoções e educar as emoções dos alunos, dando lugar, em suas aulas, para a expressão de afeto – com isso, aprenderão a lidar com seus próprios conflitos e com os mais diversos tipos de violência, especialmente o *bullying*. Propomos que a educação para a paz seja implantada nas escolas, a fim de que os alunos se tornem cada vez mais sensíveis aos seus problemas e aos problemas dos outros, desenvolvendo a capacidade de empatia.

A educação, portanto, é o caminho que conduz à paz. A solidariedade, a tolerância e o amor são os ingredientes que compõem o antídoto contra a violência e que deve ser aplicado no coração de cada criança, de cada adolescente, de cada jovem, enfim, no coração de todos os seres humanos, em especial no coração daqueles que se dedicam à arte de educar.

NOTAS

Capítulo I

1 Dan Olweus, *Conductas de acoso y amenaza entre escolares* (Madri, Morata, 1998).

2 Idem.

3 Idem.

4 Idem.

5 I. Fernández, *Prevención de la violencia y resolución de conflictos* (Madri, Narcea, 1999).

6 F. Cerezo, *La violencia en las aulas*; análisis y propuestas de intervención (Madri, Pirámide, 2001).

7 Olweus, *Conductas de acozo...*, op. cit.

8 I. Ferrer, "Lucha para prevenir la intimidación en las escuelas del Reino Unido", em *El País* (24 jan. 2000).

9 T. Andrews, "Bullying at school" (Net. Disponível em <http://www.ed.gov/databases./ERIC_Digests/ed407154.html>. Acesso em 14 jan. 2000).

10 Olweus, *Conductas de acozo...*, op. cit.

11 "Maldade de menina", em *Revista Isto É* (Comportamento, n. 1824, 22 set. 2004).

12 B. Pereira, *Bullying* (Net. Disponível em: <http://www.iec.uminho.pt/Cesc/reunioes.99.htm>. Acesso em 6 fev. 2002).

13 F. Colavitti, *Inferno na escola* (Net. Disponível em: <http://www.escolavesper.com.br/veja/inferno_na_escola.htm>. Acesso em 30 jul. 2002).

14 R. Limper, "La única forma de combatir la intimidación es la cooperación entre todos los implicados en la escuela: iniciativa llevada a cabo por los padres en Holanda que constituye una buena práctica" (Net. Disponível em: <http://www.gold.ac.uk/euconf/spanish/ponencia/limper.html>. Acesso em 10 out. 2002).

15 Bullying (Net. Disponível em: <http://www.aacap.org/index.html>. Acesso em 3 jan. 2001).

16 Estatuto da Criança e do Adolescente (Lei n. 8 069, 13 jul. 1990).

17 A. Lopes Neto & L. H. Saavedra, *Diga não para o bullying*; programa de redução do comportamento agressivo entre estudantes (Rio de Janeiro, Abrapia, 2003).

18 Dan Olweus, "Victimization by peers: antecedents and long term outcomes", em K. H. Rubin & J. B. Asendorf, eds., *Social withdrawal, inhibition, and shyness in childhood* (Hillsdale, N. J. Erlbaum, 1993).

19 I. Figueira, "*Bullying*; o problema de abuso de poder e vitimização de alunos em escolas públicas do Rio de Janeiro" (Rio de Janeiro, Universidade Técnica e Lisboa, 2002).

20 Olweus, "Victimization...", op. cit.

21 Euroconferência (Net. Disponível em: <http://www.gold.ac.uk/euconf/spanish/ponencia/ruiz.html>. Acesso em 10 out. 2002).

Capítulo II

1 M. T. Maldonado, *Os construtores da paz*: caminhos da prevenção da violência (São Paulo, Moderna, 1997).

2 A. J. Cury, *Inteligência multifocal*; análise da construção dos pensamentos e da formação de pensadores (São Paulo, Cultrix, 2003).

3 Cerezo, *La violencia en las aulas...*, op. cit.

4 Dan Olweus, "*Bully*/victim problems among schoolchildren: basic factos and effects of a school-based intervention program", em D. Pepler & K. Rubin, eds., *The development and treatment of childhood agression* (Hillsdale, N. J. Erlbaum, 1991).

5 F. Cerezo, *Bull-S*; test de evaluación de la agresividad entre escolares (Madri, Albor-Cohs, 2000).

6 Ll. Carreras, P. Eijo, A. Estany, *Cómo educar en valores* (Madri, Narcea, 1995).

7 A. Pikas, "The common concern method for the treatment of mobbing", em E. Roland & E. Munthe, eds., *Bullying: an international perspective* (Londres, David Fulton, 1989).

8 Fernández, *Prevención de la violencia...*, op. cit.

9 A. Bolívar, *La evaluación de valores y actitudes* (Madri, Anaya, 1995).

10 Cury, *Inteligência multifocal...*, op. cit.

11 Eugênia Puebla, *Educar com o coração* (São Paulo, Peirópolis, 1997), texto adaptado por Cleo Fante.

12 Idem.

13 Idem.

14 Sonia Cáliz, "Trip, el gusano viajero", traduzido e adaptado por Cleo Fante.

15 Carreras, *Cómo educar...*, op. cit., texto adaptado por Cleo Fante.

16 Idem, texto adaptado por Cleo Fante.

17 Cury, *Inteligência multifocal...*, op. cit.

18 H. Assmann, *Competência e sensibilidade solidária*; educar para a esperança (Petrópolis, Vozes, 2000).

19 Cury, *Inteligência multifocal...*, op. cit.

20 Olweus, *Conductas de acoso...*, op. cit.

21 David Lane, *The impossible child*, apud Fernández, *Prevención de la vilolencia...*, op. cit.

Capítulo III

1 *Grande Enciclopédia Larousse Cultural* (São Paulo, Nova Cultural, 1998).

2 Plácido, Silva, *Vocabulário jurídico* (Rio de Janeiro, Forense, 1980).

3 R. Ortega, *Valores y educación* (Barcelona, Ariel, 1996).

4 M. L. A. Aranha, *Temas de filosofia* (São Paulo, Moderna, 1992).

5 J. F. Costa, *A ética e o espelho da cultura* (Rio de Janeiro, Graal, 1986).

6 J. Galtung (1985), citado por R. L. Fernández, *La violencia en los colegios*; una revisión bibliográfica (Net. Disponível em: <http://www.cip.tuhem.es/violencia/biblio.html>. Acesso em 20/3/2000).

7 J. Waiselfisz, *Mapa da violência: os jovens do Brasil*; juventude, violência e cidadania (Rio de Janeiro, Garamond, 1998).

8 Koogan/Houaiss, *Enciclopédia e dicionário ilustrado* (Rio de Janeiro, Seifer, 2000).

9 F. S. Bueno, *Minidicionário da língua portuguesa* (São Paulo, FTD, 1996).

10 M. A. Manassero, *Estres y Burnout en la enseñanza* (Palma de Mallorca, Universitat de les Illes Balears). A síndrome de Burnout, ou síndrome do *quemado* ("esgotado"), é própria das profissões denominadas de serviço ou de ajuda, que se distinguem por trabalhar com pessoas às quais prestam sua assistência profissional (enfermeiros, médicos, psicólogos, professores, assistentes sociais, etc.). Caracteriza-se por uma progressiva perda de idealismo, energia e objetivos profissionais, como resultado das condições de trabalho (baixos salários, tempo de preparação insuficiente, desvalorização profissional, distanciamento entre aspirações e expectativas, etc.).

11 A. Bandura & R. H. Walters, *Agresión en adolescentes* (1959), citado por J. M. Melero, em *Conflictividad y violencia en los centros escolares* (Madri, Siglo XXI, 1993).

12 A. Miller, *Por tu propio bien*; raíces de la violencia en la educación del niño (Barcelona, Tusquets, 1985), citado por J. M. Melero, *Conflictividad y violencia en los centros escolares* (Madri, Siglo XXI, 1993).

13 P. K. Mackal, *Teorías psicológicas de la agresión* (Madri, Pirámide, 1979).

14 Cury, *Inteligência multifocal...*, op. cit.

15 M. F. R. Nunes & M. Abramoway, *Escolas inovadoras*: experiências bem-sucedidas em escolas públicas (Brasília, Unesco/Fundação W. K. Kellogg/Unirio, 2003).

16 P. H. Berkowitz & E. P. Rothman, *El niño problema, diagnóstico y tratamiento psicoeducacional en el aula* (Buenos Aires, Paidós, 1984).

17 Sanches Moro, citado por Fernández, *Prevención...*, op. cit.

18 Idem.

19 R. Soifer, *A criança e a TV*; uma visão psicoanalítica (Porto Alegre, Artes Médicas, 1975).

20 D. L. Levisky, *Adolescência: pelos caminhos da violência*; a psicanálise na prática social (São Paulo, Casa do Psicólogo, 1998).

[21] H. Marcuse, *La agresividad en la sociedad industrial avanzada* (Madri, Alianza, 1984).

[22] Fernández, *Prevención de la violencia...*, op. cit.

[23] Mariz de Oliveira, "Reflexões sobre violência", em *Jornal do Advogado* (São Paulo, ano XXVII, n. 256, fev. 2002).

[24] W. L. Brito, "O entendimento entre pais e filhos" (*Revista Mundo Jovem*, n. 299, ago. Psicologia).

[25] Cerezo, *La violencia en las aulas...*, op. cit.

[26] A. Miller, *Por tu propio bien...*, op. cit.

[27] N. Cardia, *Contemporaneidade e educação* (São Paulo, USP-Universidade de São Paulo, ano II, n. 2, 1997).

[28] Idem.

[29] Levisky, *Adolescência...*, op. cit.

[30] Idem.

[31] K. Hurrelman, "Schulische Sozialisation un abweiclen des verbalten" (1973), citado por Melero, em *Conflictividad y violencia...*, op. cit.

[32] Melero, *Conflictividad y violencia...*, op. cit.

[33] S. Adorno, citado por Levisky, *Adolescência...*, op. cit.

[34] V. A. Angerami-Camon, *O tédio na adolescência* (Campinas, Papirus, 1999).

[35] Idem.

[36] Levisky, *Adolescência...*, op. cit.

[37] Cury, *Inteligência multifocal...*, op. cit.

[38] A. Saramona, "Aula práctica; como resolver conflictos en clase", citado por Melero em *Conflictividad y violencia...*, op. cit.

[39] J. Vera, *La crisis de la función docente* (Valencia, Promolibro, 1977).

[40] Melero, *Conflictividad y violencia...*, op. cit.

[41] I. Caspari, *El maestro ante alumnos perturbadores* (Buenos Aires, Kapelusz, 1978).

[42] Vera, *La crisis...*, op. cit.

[43] D. Tattum, *Violent, agressive and disruptive behaviour*, apud J. Neville, ed., *Special Educational Needs Review* (Londres, Falmer Press, 1989, v. 1).

[44] Fernández, *Prevención de la violencia...*, op. cit.

[45] R. Dreikurs, B. Grunwald, F. Pepper, *A parent's guide to child discipline* (Nova York, Hawthorn Books, 1982).

[46] Caspari, *El maestro...*, op. cit.

[47] M. MacManus, *Troublesome behaviour in the classroom* (Londres, Routledge, 1995).

[48] A. Cury, *Pais brilhantes, professores fascinantes* (Rio de Janeiro, Sextante, 2003).

BIBLIOGRAFIA

ADORNO, S. *A socialização incompleta;* os jovens delinqüentes expulsos da escola. Caderno de Pesquisa Fundação Carlos Chagas. São Paulo, n. 79, nov. 1991.

________ et alii. *O adolescente na criminalidade urbana em São Paulo.* Ministério da Justiça, Secretaria de Estado dos Direitos Humanos. Brasília, 1999.

ANDREWS, T. "Bullying at school". Disponível em: <http:/www.ed.gov/databases/ERIC_Digests/ed407154.html>. Acesso em: 14 jan. 2000.

ANGERAMI-CAMON, V. A. *O tédio na adolescência.* Campinas, Papirus, 1999.

AQUINO, J. *Confrontos na sala de aula:* uma leitura institucional da relação professor-aluno. São Paulo, Summus, 1996.

ARANHA, M. L. A. *Temas de filosofia.* São Paulo, Moderna, 1992.

ASSMANN, H. *Competência e sensibilidade solidária:* educar para a esperança. Petrópolis, Vozes, 2000.

BANDURA, A. & WALTERS, R. H. *Agresión en adolescentes.* s.l./s.ed. [1959].

BERKOWITZ, P. H. & ROTHMAN, E. P. *El niño problema, diagnóstico y tratamiento psicoeducacional en el aula.* Buenos Aires, Paidós, 1984.

BOLÍVAR, A. *La evaluación de valores y actitudes.* Madri, Anaya, 1995.

BRITO, W. L. "O entretenimento entre pais e filhos". Em: *Revista Mundo Jovem,* n. 299, ago. Psicologia.

BUENO, F. S. *Minidicionário da língua portuguesa.* São Paulo, FTD, 1996.

BULLYING. Disponível em: <htpp:/www.aacap.org/index.html>. Acesso em: 3 jan. 2001.

CAPRARA, G. V. & PASTORELLI, C. *Indicadores precoces de la adaptación social.* Apud CEREZO, F. R. *La violencia en las aulas;* análisis y propuestas de intervención. Madri, Pirâmide, 2001.

CARDIA, N. *Contemporaneidade e educação.* São Paulo, USP - Universidade de São Paulo, ano II, n. 2, 1997.

________. *Primeira pesquisa sobre atitudes, normas culturais e valores em relação à violência em dez capitais brasileiras.* Brasília, Ministério da Justiça, Secretaria de Estado dos Direitos Humanos, 1999.

CARRERAS, Ll.; EIJO, P.; ESTANY, A. *Cómo educar en valores.* Madri, Narcea, 1995.

________. *Cómo educar en valores.* Em: *Materiales;* textos-recursos-técnicas. Madri, Narcea, 1999.

CARVALHO, M. P. *Um invisível cordão de isolamento;* escola e participação popular. São Paulo, Fundação Carlos Chagas, n. 70, 1989. Caderno de Pesquisa.

CASPARI, I. *El maestro ante alumnos perturbadores.* Buenos Aires, Kapelusz, 1978.

CEREZO, F. *Bull-S;* test de evaluación de la agresividad entre escolares. Madri, Albor-Cohs, 2000.

________. *Conductas agresivas en edad escolar.* Madri, Pirámide, 1997.

________. *La violencia en las aulas*; análisis y propuestas de intervención. Madri, Pirámide, 2001.

CHELIKANI, R. *Reflexões sobre a tolerância.* Rio de Janeiro, Unesco, Garamond, 1999.

CHIAPPIN, A. *Família;* relacionamento marido e esposa; relacionamento pais e filhos; diálogo; psicologia masculina-feminina; educação da criança e do adolescente. Tramandaí, Sul Americana, 1996.

COLAVITTI, F. *Inferno na escola.* Disponível em: <htpp://www.escolavesper.com.br/ veja/inferno_na_escola.htm>. Acesso em: 30 jul. 2002.

CORTINA, A. *Resolver conflitos, hacer justicia.* Cuadernos de Pedagogia. n. 257, abr. 1997, p. 54.

COSTA, J. F. *A ética e o espelho da cultura.* Rio de Janeiro, Graal, 1986.

CURY, A. J. *Inteligência multifocal;* análise da construção dos pensamentos e da formação de pensadores. São Paulo, Cultrix, 2003.

________. *Pais brilhantes, professores fascinantes.* Rio de Janeiro, Sextante, 2003.

________. *Revolucione sua qualidade de vida.* Rio de Janeiro, Sextante, 2002.

CURWIN, R. & MENDLER, A. *Discipline with dignity.* ASCD - Association for Supervision and Curriculum Development. Virgínia, Alexandria, 1988.

________. *La disciplina en classe.* Madri, Narcea, 1983.

DEBARBIEUX, E. & BLAYA, C. *Violência nas escolas*: dez abordagens européias. Brasília, Unesco, 2002.

DEJOURS, C. *A banalização da injustiça social.* Rio de Janeiro, FGV, 1999.

DÍAZ-AGUADO, M. J. *Educación y desarrollo de la tolerancia;* programa para favorecer la interación educativa en contextos etnicamente heterogeneos. Madri, MEC, 1994.

________. *El papel de la interación entre iguales en la adaptación escolar y el desarrollo social.* Madri, Centro Nacional de Investigación y Documentación Educativa, 1986.

________. *Programa de educación para la tolerancia y prevención de la violencia en los jóvenes.* MEC, Injuve (Cajas Azules), 1997.

DOMÍNGUEZ, T. et alii. *Comportamientos no violentos;* propuestas interdisciplinares para construir la paz. Madri, Narcea, 1996.

DREIKURS, R.; GRUNWALD, B.; PEPPER, F. *A parent's guide to child discipline.* Nova York, Hawthorn Books, 1982.

ESTATUTO da criança e do adolescente. Lei n. 8069, 13 jul. 1990.

EUROCONFERÊNCIA. Disponível em: <http://www.gold.ac.uk/euconf/spanish/ponencia/ruiz.html>. Acesso em: 10 out. 2002.

FAGUNDES, M. *Aprendendo valores éticos.* Belo Horizonte, Autêntica, 2000.

FANTE, C. *O vôo da borboleta.* Barretos, Soares Barretos Gráfica e Editora Ltda., 1998.

FERNÁNDEZ, I. *La violencia en los colegios*; una revisión bibliográfica. Disponível em: <http://www.cip.tuhem.es/violencia/biblio.html>. Acesso em: 20 mar. 2000.

________. *Prevención de la violencia y resolución de conflictos;* el clima escolar como factor de calidad. Madri, Narcea, 1999.

FERRER, I. "Lucha para prevenir la intimidación en las escuelas del Reino Unido". Em: *El País*, 24 jan. 2000.

FIGUEIRA I. & NETO, C. *Bullying*: o problema de abuso de poder e vitimização de alunos em escolas públicas do Rio de Janeiro. Rio de Janeiro, Universidade Técnica de Lisboa, 2002. Dissertação de mestrado em Desenvolvimento da Criança.

GALLOWAY, D. *Schools, pupils and special;* educational needs. Beckenham, Croom Helm, 1985.

GONZALO, L. et alii. *Hacer reforma de la tolerancia a la interculturalidad:* un proceso educativo en torno a la diferencia. Madri, Anaya, 1998.

GRANDE Enciclopédia Larousse Cultural. São Paulo, Nova Cultural, 1998.

HELLER, A. *Instinto, agresividad y carácter.* Barcelona, Península, 1980.

HURRELMANN, K. *Schulische Sozialisation un abweiclen des verbalten.* Apud MELERO, J. *Conflictividad y violencia en los centros escolares.* Madri, Siglo XXI, 1973.

JARES, X. *Educación para la paz.* Madri, Editorial Popular, 1997.

JOHNSON, R. N. *La agresión en el hombre y en los animales.* México, El Manual Moderno, 1972.

KOOGAN/HOUAISS. *Enciclopédia e dicionário ilustrado.* Rio de Janeiro, Seifer, 2000.

LANE, D. *The impossible child.* Exeter, Trentham Books, 1990.

LEVISKY, D. *Adolescência:* reflexões psicanalíticas. São Paulo, Casa do Psicólogo, 1998.

LIMPER, R. "La única forma de combatir la intimidación es la cooperación entre todos los implicados en la escuela: iniciativa llevada a cabo por los padres en Holanda que constituye una buena práctica". Disponível em: <http://www.gold.ac.uk/euconf/spanish/ponencia/limper.html>. Acesso em: 10 out. 2002.

LÓPEZ, F. *La inserción del desarrollo socio-personal en el currículum escolar. En curriculum y desarrollo socio-personal.* BORREGO DE DIOS, C., ed. Sevilha, Alfar, 1992.

LORENZ, K. *La acción de la natureza y destino del hombre.* Madri, Alianza, 1988.

________. *Sobre la agresión, el pretendido mal.* México, Siglo XXI, 1976.

MACKAL, P. K. *Teorías psicológicas de la agresión.* Madri, Pirámide, 1979.

MACMANUS, M. *Troublesome behaviour in the classroom.* Londres, Routledge, 1995.

MALDADE de menina. Em: *Revista Isto É,* São Paulo, Ed. Três, n. 1822, 22 set. 2004. Comportamento.

MALDONADO, M. T. *Os construtores da paz:* caminhos da prevenção da violência. São Paulo, Moderna, 1997.

MANASSERO, M. A. *Estres y Burnout en la enseñanza.* Palma de Mallorca, Universitat de les Illes Baleares, s.d.

MARCUSE, H. *La agresividad en la sociedad industrial avanzada.* Madri, Alianza, 1984.

MARTINELLI, Marilu. *Aulas de transformação*: o programa de educação em valores humanos. São Paulo, Fundação Petrópolis, 1996.

MELENDRO, E. M. *Adolescentes en dificultad social:* factores asociados a situaciones de riesgo y desamparo. Bienestar y Proteccion Infantil. FAPMI, n. 1, mar. 1997.

MELERO, J. M. *Conflictividad y violencia en los centros escolares*. Madri, Siglo XXI, 1993.

MILLER, A. *Por tu propio bien;* raíces de la violencia en la educación del niño. Barcelona, Tusquets, 1985.

NETO, A. L. & SAAVEDRA, L. H. *Diga não para o bullying*; programa de redução do comportamento agressivo entre estudantes. Rio de Janeiro, Abrapia, 2003.

NEVILLE, J., ed. Special education needs review. Londres, Falmer Press, 1989. v. 1.

NUNES, M. F. R. & ABRAMOWAY, M. *Escolas inovadoras*: experiências bem-sucedidas em escolas públicas. Brasília, Unesco/Fundação W. K. Kellog/Unirio, 2003.

OLIVEIRA, Mariz de. "Reflexões sobre a violência". Em: *Jornal do Advogado*, São Paulo, ano XXVII, n. 256, 2002.

OLWEUS, D. *Agression in the schols*: bullies and whipping boys. Washington, Hemisphere, 1978.

_________. *Bully/victim problems among schoolchildren*: *b*asic factos and effects of a school-based intervencion program. Em: PEPLER, D. & RUBIN, K., eds. *The development and treatment of chilhood agression*. Hillsdale, N. J. Erlbaum, 1991.

_________. *Conductas de acoso y amenaza entre escolares*. Madri, Morata, 1998.

_________. "Victimization by peers: antecedents and long-term outcomes". Em: RUBIN, K. H. & ASENDORF, J. B., eds. *Social withdrawal, inhibition, and shyness in childhood*. Hillsdale, N. J. Erlbaum, 1993.

O'MOORE, M. & BRENDAN, H. "Bullying in Dublin schools". *Irish Journal of Psicology*, v. 10, p. 426-41.

ORTE, Carme Socías et alii. "El bullying versus el respeto a los derechos de los menores en la educación: la escuela como espacio de disocialización". Em: *Revista Inter Universitaria de Pedagogía Social*. Departament de Ciències de l'Educació. Universitat de les Illes Baleares, 1996. Monografia.

ORTEGA, P. et alii. *La tolerancia en la escuela*. Barcelona, Ariel, 1996.

_________. *Valores y educación*. Barcelona, Ariel, 1996.

PASCUAL, M. A. *Clarificación de valores y desarrollo humano*; estratégias para la escuela. Madri, Narcea, 1992.

PATTO, M. H. *A produção do fracasso escolar*; história de submissão e rebeldia. São Paulo, T. A. Queiroz, 1989.

PEPLER, D. & RUBIN, K., eds. *The development and treatment of childhood agression*. Hillsdale, N. J. Erlbaum, 1991.

PEREIRA, B. *Bullying*. Disponível em: <htpp://www.iec.uminho.pt/Cesc/reunioes.99.htm>. Acesso em: 6 fev. 2002.

PEREIRA, B. O. et alii. *Os espaços de recreio e a prevenção do bullying na escola*. Lisboa, FMH, 1997.

PEROSANZ, M. *Técnicas para analisar la solidariedad en la escuela*. Apuntes I.E.P.S. Madri, Narcea, n. 48, 1988.

PIKAS, A. *The common concern method for the treatment of mobbing*. Em: ROLAND, E. & MUNTHE. E., eds. *Bullying:* an internacional perspective. Londres, David Fulton, 1989.

PORTAS abertas para a paz. *Revista Nova Escola*, São Paulo, Abril, ano XVII, n. 152, mai. 2002.

POSTIC, M. *La relación educativa*. Madri, Narcea, 1982.

PROGRAMA de redução do comportamento agressivo entre estudantes. ABRAPIA. Disponível em: <http://www.abrapia.com.br>.

PROJETO PIRACEMA-cidadania. Arquivo de estudos sobre violência doméstica contra a criança. Disponível em: <http://www.geocities.com//College Park/Plaza/4993/>.

PUEBLA, E. *Educar com o coração*: uma educação que desenvolve a intuição. São Paulo, Peirópolis, 1997.

QUESTÃO urbana e violência escolar. Em: *Revista Contemporaneidade e Educação*, São Paulo, USP-Universidade de São Paulo, ano II, n. 2, set. 1997.

RATHS, L. et alii. *El sentido de los valores y la enseñanza*; cómo emplear los valores en el salón de clases. México, UTHEA, 1967.

REFLEXÕES sobre a violência. Em: *Jornal do Advogado*, São Paulo, ano XVII, n. 256, fev. 2002.

ROLAND, E. & MUNTHE, E., eds. *Bullying: an international perspective*. Londres, David Fulton, 1989.

ROVIRA, J. M. P. *La construción de la personalidad moral*. Buenos Aires, Paidós Ibérica, 1996.

RUBIN, K. H. & ASENDORF, J. B., eds. *Social withdrawal, inhibition, and shyness in childhood*. Hillsdale, N. J. Erlbaum, 1993.

SEQUEIROS, L. *Educar para a solidariedade*: projeto didático para uma nova cultura de relações entre os povos. Porto Alegre, Artmed, 2000.

SERRANO, G. P. Em: *Aprender a convivir en sociedades multiculturales*; estrategias educativas. *Revista Inter Universitaria*, n. 14, Universidad de Sevilla, 1996. Monografia: Los derechos del niño.

SILVA, P. *Vocabulário jurídico*. Rio de Janeiro, Forense, 1980.

SOIFER, R. *A criança e a TV*; uma visão psicoanalítica. Porto Alegre, Artes Médicas, 1975.

SOUZA, L. *A felicidade existe*. Rio de Janeiro, Nova Letra, 1994.

TATTUM, D. "Understanding and managing bullying" (1993). Trentham, TES, Full Service Scholls, editorial, 17 mar. 2000.

________. *Violent, agressive and disruptive behaviour*. Apud NEVILLE, J., ed. *Special educational needs review*. Londres, Falmer Press, 1989. v. 1.

VALDOVINOITT, M. E. *Taller de educación para la paz y educación para el desarrollo*. Madri, SODEPAZ, 1994.

VALLE, J. & DÍAZ, M. Em: *Los enfoques en educación para la paz y su proyección en la construcción de los valores*. *Revista Inter Universitária*, Universidad de Murcia, n. 14, 1996.

VERA, J. *La crisis de la función docente*. Valencia, Promolibro, 1998.

VIOLÊNCIA. Em: *Revista Isto É*, São Paulo, Ed. Três, n. 1544, mai. 1999.

VIOLÊNCIA. Em: *Revista Nova Escola*, São Paulo, Abril, ano XVI, n. 139, jan./fev. 2001.

VIOLÊNCIA DOMÉSTICA CONTRA CRIANÇAS E ADOLESCENTES - VDCCA. Laboratório de Estudos da Criança (LACRI). Instituto de Psicologia. Universidade de São Paulo. Disponível em: <http://br.geocities.com/vdcca/>; <http://www.usp.br/laboratorios/lacri/>.

VIOLÊNCIA ESCOLAR. Em: *Jornal Diretor UDEMO*, São Paulo, n. 6, nov. 2001.

VVAA. *Hacer reforma: de la tolerancia a la interculturalidade*. Madri, Anaya, 1998.

VVAA. *Ética, valores humanos e transformação*. São Paulo, Peirópolis, 1998.

WAISELFISZ, J. *Mapa da violência: os jovens do Brasil*. Rio de Janeiro, Garamond, 1998.

WEIL, P. *A arte de viver em paz:* por uma nova consciência, por uma nova educação. São Paulo, Unesco/Gente, 1993.

SUGESTÕES DE LEITURA

COMO AS CRIANÇAS APRENDEM (*John Holt*)
Neste clássico do pensamento educacional, John Holt leva professores e pais a uma expedição rumo ao incrível mundo da mente infantil. Aqui você vai descobrir a impressionante capacidade que as crianças têm de aprender por si mesmas, enquanto brincam e exploram o mundo livremente.

APRENDENDO O TEMPO TODO: COMO AS CRIANÇAS APRENDEM SEM SER ENSINADAS (*John Holt*)
Será que nós, como pais ou educadores, sabemos respeitar a inteligência das crianças e deixá-las investigar a vida como cientistas, para que tirem suas próprias conclusões e criem conhecimento? Afinal, como mostra Holt, elas são ávidas por aprender tanto matemática, leitura e escrita quanto qualquer outro assunto, se estimuladas a fazê-lo por si mesmas.

AO PROFESSOR, COM O MEU CARINHO *(Rubem Alves)*
Neste livro de crônicas, Rubem Alves, com seu estilo peculiar e contundente, traz à tona algumas das críticas que vem apresentando, no decorrer do tempo, ao sistema educacional. Quem o conhece de perto sabe que suas críticas são a manifestação de uma ansiedade profunda por ver oferecida a nossos alunos uma educação mais justa, por meio da qual também o professor possa se realizar em sua vocação de mestre.

CONVERSAS SOBRE EDUCAÇÃO (*Rubem Alves*)
Nesta coletânea de crônicas, Rubem Alves transforma assunto sério – a educação – em um bate-papo descontraído e bem-humorado, considerando a prática educacional em seus vários níveis e dimensões. Em estilo inconfundível, as crônicas propõem uma missão para a educação: formar um povo para sonhar e, assim, promover a construção de um país.

UM CÉU NUMA FLOR SILVESTRE (*Rubem Alves*)
Inspirado na poesia de William Blake, Rubem Alves, através de suas crônicas, leva o leitor a uma viagem pelas mais diversas formas de beleza presentes no nosso dia-a-dia, as quais, muitas vezes, passam despercebidas ao observador menos atento. Por outro lado, o autor mostra como a beleza pode ser vista de forma diferente, dependendo do olhar que contempla, e do momento especial em que é vista.

SE EU PUDESSE VIVER MINHA VIDA NOVAMENTE... (*Rubem Alves*)
Rubem Alves viaja no tempo e no espaço... e lança o olhar sobre os sonhos, sobre as perdas e ganhos, detendo-se nos pequenos detalhes que fazem toda a diferença, recorrendo a memórias ora felizes ora dolorosas, quase sempre com um toque de

nostalgia que não é arrependimento, mas sim uma saudade gostosa de algo vivido em plenitude. É assim, com extrema delicadeza, que chega ao coração e à mente de cada um de nós, despertando-nos para o agora, acordando em nós o desejo de viver de forma diferente, de aproveitar cada instante, de valorizar cada minuto, enchendo-o de beleza, de verdade, de leveza.

Conversas sobre política (*Rubem Alves*)

Um livro inteligente, corajoso, necessário, que realiza a proeza de nos tirar do conformismo e da resignação para nos lançar para a frente, fazendo com que nos posicionemos diante da realidade atual. Rubem Alves, através desta coletânea de crônicas, nos faz pensar, nos faz sonhar, nos leva a reivindicar da política o cumprimento de seu papel, da sua verdadeira missão: a de "sonhar os sonhos do povo e se dedicar a transformá-los em realidade".

Um mundo num grão de areia (*Rubem Alves*)

Nesta coletânea de crônicas poéticas, de intenso lirismo, é possível encontrar todas as facetas que compõem o universo do ser humano e descobrir a riqueza de vida existente num minúsculo grão de areia, que nada mais é do que nosso mundo irrevelado. Esta é uma obra essencial para quem se sente amante da poesia, da arte, do sonho... amante do ser humano e de seu universo.

Transparências da eternidade (*Rubem Alves*)

Como um mestre da palavra, Rubem Alves relata, nesta coletânea de crônicas, passagens e experiências vividas, nas quais Deus, a religiosidade, o amor, a beleza e o sentido da vida estão sempre presentes. Seu texto flui com uma simplicidade de rara beleza, inspirado por uma memória poética e reflexões cotidianas, apresentando a espiritualidade sob uma nova ótica e tornando a sua leitura obrigatória àqueles que buscam ampliar seus horizontes.

Estou morrendo de raiva!: lidando com a raiva e com a agressividade das crianças (*Heike Baum*)

O que fazer quando as crianças demonstram agressividade? Quando é que os pais e os educadores devem intervir nas brigas entre as crianças? Como podem impor limites e, ao mesmo tempo, respeitar o espaço das crianças? As informações contidas neste livro explicam por que a raiva tem aspectos positivos e como os conflitos em casa ou na escola podem ser resolvidos pacificamente.

Ele está me provocando!: lidando com as brigas e com os ciúmes entre irmãos (*Heike Baum*)

Até que ponto a rivalidade entre irmãos é normal? É certo interferir nas brigas das crianças? De que apoio as crianças precisam quando ganham um novo irmãozinho? Este livro prático e objetivo oferece ótimas dicas para que os pais incentivem as crianças a buscar meios pacíficos e divertidos para solucionar conflitos.

Me dá o teu contente que eu te dou o meu (*Cristina Mattoso*)

Este é um livro diferente de qualquer outro. Nele você encontrará falas infantis preciosas, trazendo uma parte do espetáculo de crianças descobrindo o mundo. Ele contém visões, verdades, humor, sofrimentos, sabedoria, através de falas infantis cheias de honestidade, de percepções surpreendentes, de intuições filosóficas, de questões teológicas, de verdades existenciais, de críticas à vida adulta, de sentimentos, de poesia. Você provavelmente vai se surpreender, relembrar e sorrir.

Para que minha vida se transforme (vol. 1 e 2)
(Maria Salette e Wilma Ruggeri)

Histórias que devem ser lidas ou contadas no dia-a-dia e que se destinam a todos os que estão à sua volta: crianças, jovens e adultos, parentes e amigos... São histórias simples e populares, escritas de maneira leve e de fácil compreensão, que mostram que a vida é simples e leve; que a felicidade está dentro de cada um de nós; que podemos ser agentes de nossa vida e não reagentes; que não somos os donos da verdade; que devemos ver as pessoas além das aparências e cultivar valores... cultivar tudo o que é nobre e contribui para que o mundo esteja em paz.

Para que minha família se transforme
(*Maria Salette, Wilma Ruggeri e Jota Lima*)

Seguindo o grande sucesso de vendas dos dois volumes do livro *Para que minha vida se transforme*, os autores vêm, uma vez mais, ampliar nossa visão de mundo que se inicia a partir do olhar que estendemos à nossa vida. Focando neste novo livro a família, os autores propõem, através das histórias, uma transformação do comportamento familiar.

De lagarta a borboleta
(Maria Salette e Wilma Ruggeri)

Não é interessante pensarmos que carregamos em nós todo o potencial de transformação de que necessitamos? Quantas vezes queremos mudar nossa vida, as pessoas que nos rodeiam, e nos frustramos porque não reconhecemos que, para alçarmos vôos mais altos, precisamos, antes de mais nada, entrar em nosso casulo, em nosso refúgio interior, para daí, com nossos próprios recursos, tecermos nossa transformação. E então partimos para a jornada em busca da plenitude.

Lições para toda a vida *(Maria Salette e Wilma Ruggeri)*

Por meio de uma parábola – a trajetória de um executivo em sua busca pela sabedoria –, as autoras apresentam lições de desapego, confiança e humildade, surpreendendo o leitor pela simplicidade e profundidade de cada reflexão e proporcionando-lhe um encontro decisivo com seu mestre interior.

Sem segredos e cem chaves para que sua vida se transforme
(*Maria Salette e Wilma Ruggeri*)

No estilo simples, direto e objetivo que caracteriza as autoras, este livro reúne textos curtos, práticos, todos eles nascidos das experiências do dia-a-dia. Visa levar o leitor a refletir sobre sua própria vida, a descobrir que nasceu para ser feliz e que para isso, como afirmam as autoras, não há segredos – apenas chaves que abrem portas a inúmeras possibilidades, permitindo que sua vida se transforme.

Espelho, espelho meu, quem sou eu?
(*Maria Salette, Wilma Ruggeri e Eliana Ricco*)

Você é uma pessoa emotiva? Objetiva? Simpática? Ousada? Criativa? Prática? Ansiosa? Otimista? Essas são algumas das características de temperamento enfocadas nesse livro que tem como proposta oferecer um guia para o autoconhecimento. E quem é que não deseja se conhecer melhor, descobrir aspectos de sua personalidade que, muitas vezes, ficam encobertos, pregando peças, criando situações embaraçosas?

O bem que você planta, você colhe (*J. P. Vaswani*)
J. P. Vaswani, mestre de rara sensibilidade, oferece neste livro uma envolvente e refinada coletânea de estórias de sabedoria – estórias únicas, que nos levam a descobrir o verdadeiro sentido do sucesso e da felicidade ao nos ajudarem a refletir profundamente sobre nossa própria vida e sobre nosso mundo; ao alcançarem nosso coração de forma terna e sábia; ao servirem como inspiração para um novo viver...

Um caso de amor com a vida (*Regis de Morais*)
Através de belos textos acentuadamente poéticos, o autor nos leva a percorrer o caminho que liga os opostos sempre presentes nas experiências particulares e universais: o nascer e o morrer, o perder e o ganhar, o chorar e o rir, o odiar e o amar... Despertando cada vez mais para a Beleza que mora em nós, que mora no outro, que envolve a todos, a leitura deste livro nos propõe uma trajetória que, num exercício de encantamento, nos permitirá ter... um caso de amor com a vida!

Um mundo novo em gestação (*Rose Marie Muraro*)
Percorrendo a História desde os seus primórdios, passando pelas várias fases da evolução da espécie humana, destacando os papéis desempenhados pela mulher e pelo homem, realçando o uso do poder, dos privilégios, até chegar à supremacia masculina, a autora sintetiza, em capítulos curtos e objetivos, a caminhada do ser humano – conquistas, fracassos, lutas disputas – até os dias de hoje.

Eu, Safiya (*Safiya Hussaini Tungar Tudu / Raffaele Masto*)
Esta é a verdadeira história da mulher nigeriana que moveu e comoveu o mundo todo. Condenada ao apedrejamento e salva a um passo da morte, Safiya conta, com detalhes, sua história e o motivo por que, sob a lei islâmica, a mulher pode ser morta ao ter um filho fora do casamento.

Onde existe amor, Deus aí está (*Leon Tolstói*)
Tolstói, autor clássico russo, famoso por seus grandes romances, merece ser divulgado também como autor de belíssimos contos espirituais. São histórias criativas, cheias de imaginação, ricas em ensinamento e que tocam o nosso coração ao nos apresentarem situações reais, personagens que têm vida própria, uma visão de mundo rica, colorida, com sabor de realidade.

A coragem de ser você mesmo (*Jacques Salomé*)
Autor *best-seller* na Europa, Jacques Salomé estabelece, neste livro, uma ponte entre a psicologia e a espiritualidade, propondo uma jornada através da qual iremos explorar as diversas áreas de nossa personalidade, detectando nelas os aspectos sombrios e ambíguos, além das armadilhas que impedem um relacionamento saudável e verdadeiro consigo mesmo e com o outro.

O encantador de cães: compreenda o melhor amigo do homem (*Cesar Millan e Melissa Jo Peltier*)
Cesar Millan – especialista em comportamento canino e apresentador do programa *Dog Whisperer*, do National Geographic Channel – o ajudará a compreender a psicologia canina, para que você possa ter uma relação mais rica e recompensadora com o seu cão, fortalecendo os laços entre vocês e eliminando definitivamente os problemas de comportamento dele.

Impressão e Acabamento

Prisma Printer Gráfica e Editora Ltda.
Fone/Fax: (0xx19) 3229-7171
E-mail: grafica@prismaprinter.com.br
www.prismaprinter.com.br
Campinas - SP